策略
ブラック学級づくり
子どもの心を奪う！クラス担任術

中村 健一 著

明治図書

はじめに

思い返してみると、この10年ぐらい学校で腹が立ったことがない。
もちろん、子どもたちを叱ることはある。しかし、それは全て演技だ。子どもたちのすることなど想定の範囲内である。ここで叱るべきだと判断すれば、厳しく叱る。私の講座を受けたことのある方なら分かると思うが、かなりの迫力を持ってである。
それでも、心の中は冷静だ。私はどこか冷めたところがある。

私は常に「策略」を巡らせて教育を行っている。「感情」の入る余地はない。

それが本書の編集担当・佐藤智恵氏が私を「ブラック」とイメージさせる所以であろうか。本書は、佐藤氏に私の「腹黒さ」を見抜かれてしまったことから企画されたものである。

下心を持って、計算ずくで行動するのが、なぜ悪い？

とは、内藤誼人著『「人たらし」のブラック交渉術』（大和書房）にある言葉である。この本は、佐藤氏が読むように薦めてくださったものだ。私はこの言葉に深く同意する。全く同意見だ。

一学級を預かる教師は、一国を預かる内閣総理大臣のようなものである。総理大臣が「策略」も練らず、「感情」に任せて国を治めたらどうか？そんな危ない人間に国は任せられないだろう。一学級を預かる教師も同様である。「感情」を排除し、「策略」を巡らせて学級をつくるべきである。

私がどんな「策略」を巡らせて学級をつくっているのか？本書ではそれを明らかにしていきたい。

中村　健一

もくじ

第3章

第1章

リーダーとして認めさせる集団統率術

「教師」という肩書きだけでは，教室で通用しない。教師が教室の主導権を握るリーダーであることを示す術を伝授したい…

策略という武器をもて

今年の夏、免許更新講座を受講しに大学に通った。大学の先生は非常に誠実な方で、

「せっかくの夏休み、暑い中来てくださったんですから、現場で役立つ具体的なお話をしたいと思います」

と言ってくださった。有り難いことである。

しかし、この言葉とは裏腹に、講義は抽象度の高いものだった。とても現場で役立つ代物ではない。

たとえば私は、現場に出る前の学生相手に講座をすることが多い。その時、意地悪く、

「現場は、『超』具体的なんです。たとえば、給食指導。おかわり、どうします？」

と聞く。

学生は、まず答えられない。当然のことではある。大学では、そんなこと、教えてくれないからだ。

しかし、現場に出れば、子どもたちは必ず聞いてくる。

「先生、おかわりはどうしたらいいですか？」

その時に答えられなければ、アウトである。

「えっ!?どうしようかな？」

そんな答えでは、子どもたちの信頼を失う。方針を持たないリーダーに不信感を持つだろう。そして、子どもたちは自分たちの都合のよいようにしようとする。主導権を握ろうとするのだ。

「前の先生はこうだったけど」

こんなウソを平気でつく。

子どもの言いなりになってしまってはお仕舞いだ。学級崩壊への道を突き進むしかない。

私には『担任必携！学級づくり作戦ノート』（黎明書房）という編著作がある。

その書評を「日本教育新聞」（平成25年12月２日）が掲載してくださった。紹介する。

31の具体策、経営案代わりにも

本書の「はじめに」の中で編著者は、学級担任を挑発する。「悲しいことですが、今の教室は『戦場』です」と。

この挑発を受けて、学級担任を決める管理職はどうしたらいいのか。この本を学級担任に持たせればいい。しかしこれだけ職員研修の重要性が叫ばれる割に、学級担任に持たせるだけの予算が学校にはない。何とかならないものか。

もし学級担任が学級づくりの「作戦」や「武器」を持たず、それこそ「丸腰」で子どもたちに向かうとどうなるのか。最悪な場合には学級崩壊、さらにはメンタルヘルス面で休職に追い込まれるケースも出てくる。

この学級づくりの本の最大の特色は何か。学級づくりを成功させるために、具体的な基本的作戦31を収録していることである。さらに出色なことは、それぞれの作戦を受けて「MY～」のコーナーに自分の具体策を書くことができるようになっている点である。この本さえあれば学級経営案などいらないだろう。

学級づくりで何が一番、大切なのか。学級担任の具体策である。力量のない教師ほど、この具体策が貧弱なのである。だから子どもたちや保護者になめられてしまう。この本を職員研修で取り上げ、意見交流をするだけで、学校が変わる。そう思わせるだけの内容になっている。

（庭野　三省・新潟県十日町市教育委員会教育委員長）

うれしい書評である。私の言いたいことを私以上に上手に伝えてくださっている。

力量のない教師ほど、この具体策が貧弱なのである。

の言葉など、名言だと思う。「まさに、その通り！」と叫びたくなる。

現場は「超」具体的である。具体的に考え、具体的に「策略」を練る。そして、具体的に子どもたちと関わっていく。

当たり前の話だ。目の前の子どもたちは抽象ではない。具体的な存在であるからだ。

目の前の子どもたちをどうするか？具体的な「策略」を巡らせて取り組むことが大切である。

現場に出たら、プロ教師面をせよ

プロ教師と聞くと、どんな教師を想像するだろうか?多くの方が、ものすごい力を持ったカリスマ教師をイメージされるのではないかと思う。

しかし、正解は、

現場の教師全員がプロ教師である

ということだ。お金をもらって仕事をしている以上、プロであるのは当然のことなのだ。

それなのに、プロ意識の低い教師が多すぎる。「自分は教育のプロフェッショナルだ」という自覚が足りない。本当はプロとしての仕事をしてやろうという「覚悟」が必要なのに、だ。

　特に現場に出る前の学生には、現場に出たら自分もプロなんだということを自覚し、「覚悟」を決めて欲しい。

　現場に出れば、1年目の初任者も30年以上のベテランも同じプロ教師である。1年目と30年目の教師の間に差は全くない。

　特に、今どきの保護者は自分の損得でしか考えない。今どきの子どもも自分の損得でしか考えない。

　私が現場に出た20数年前は違った。保護者にも地域にも、そして子どもにすら若い先生を育てようという温かい雰囲気があった。

　しかし、今は違う。自分の子どもに利益をもたらしてくれる、つまりは安定した学級をつくり、授業を成り立たせて、子どもに学力をつけてくれる教師を保護者は求めている。

　子どもたちだって同じだ。安定した学級をつくり、授業を成り立たせて、自分たちに学力をつけてくれる教師を望んでいるのだ。

　考えてみれば、当たり前の話である。誰だって、崩壊学級で1年間を過ごしたいなんて思っていない。当然の欲求とも言える。

だから、子どもも保護者も若い教師を嫌がる。ベテランに担任してもらったクラスの子と比べて、「ハズレ」だと思う。

特に現場に出たての初任者なんか「ハズレ」以外の何者でもない。保護者も子どもも彼らが全く経験のないシロウトであることを知っている。「若いから人気があるだろう」なんて、甘い幻想は捨てることだ。

イメージしてみれば、分かるだろう。新採1年目のあなたが1学年2クラスの学校に着任したとする。同学年を組むメンバーは、間違いなくあなたより経験年数の多いベテランである。しかも、初任者と同学年を組むことを任されるのだ。かなりの力を持った教師に違いない。

力のあるベテランと組むあなたは、「ハズレ」どころの騒ぎではない。「大ハズレ」だ。

初任者は、まずは自分が「大ハズレ」と思われていることを自覚するべきである。1年目は大きなハンディキャップを背負ってのスタートなのだ。

では、どうするか？「覚悟」を持つしかない。厳しい現場で何とか1年間を生き抜いてやるという「覚悟」を持つしかない。

まずは、「覚悟」を持つことが非常に大切である。

「怖さ」がわかるかどうかが分かれ道…

教師はみんなプロ教師であると書いた。では、私がプロ教師として、一番必要なことは何だと考えているか？

それは、「怖さ」を知ることだと思う。

プロは、「怖さ」を知っている

のである。

たとえば、拙著『教室に笑顔があふれる中村健一の安心感のある学級づくり』（黎明書房）の「はじめに」で私は次のように書いている。

数年前、私の盟友・土作彰氏の車で飛鳥をドライブしていた時です。

「俺、子どものコントロールが利かなくなって、クラスが壊れる夢を時々見るんだよね」

と私。すると、土作氏から、意外な答えが…。

「えっ!? 健ちゃんも? 俺もよく見る!」

聞いてみると、私同様、土作氏もそんな経験などありませんでした。それなのに、クラスが壊れる夢を見ると言うのです。

土作氏は、全国的に有名な学級づくりの名人です。土作氏ほどの大実践家でも、これほどの危機感を持って学級づくりをされているということに感動しました。


この文章からも分かるように、私は学級崩壊が怖い。夢に見るほど怖い。死ぬほど怖い。

土作氏も同様であろう。

しかし、

「怖さ」を知っているからこそ、学級崩壊が起こらないように全力で学級づくりに取り組むのだ。「覚悟」を持って学級づくりに取り組むのだ。

「怖さ」を知らないベテラン教師も多い。彼ら彼女らは「怖さ」を知らないから、「策略」も練らず、思いつきで教育をしてしまう。

思いつきのその場凌《しの》ぎの教育が通用する訳がない。現場は非常に厳しいのだ。

特に４月は学級づくりに全力で取り組む。細かく具体的な「策略」を練り、それを確実に実行していく。私は、４月は、毎日分刻みで細かいスケジュールを立てている。そして、抜けがないように失敗がないようにチェックしながら学級づくりをしていく。

学級づくりは４月が全てである。４月の失敗は絶対に取り戻せない。

私の尊敬する野中信行氏は講座などで「最初の1ヶ月で、学級づくりの80パーセントが決まってしまう」と言われている。しかし、私の実感では100%だ。4月でその学級が1年間乗り切れるか、乗り切れないかが100%決まってしまう。

そのぐらい4月の学級づくりは大切だ。

逆に言えば、4月に学級を軌道に乗せてしまえば、楽である。

私は2月、3月の講座に次のようなタイトルをつけることが多い。(ちなみにこれは、そのまま「明日の教室DVDシリーズ36」のタイトルになっている)

学級づくりは4月が全て!
~最初の1ヶ月死ぬ気でがんばれば、後の11ヶ月は楽できる~

これは、20年以上厳しい現場で戦い続けてきた私の実感だ。

私も毎年、4月はキツイ。死ぬほどキツイ。でも、死ぬ気でがんばっているお陰で、残りの11ヶ月は楽させてもらっている。

4月は、後で楽するための投資だと言ってもいい。12ヶ月ずっとキツイ思いをするよりは、1ヶ月だけ死ぬ気でがんばる方がいいではないか。

それなのに、「策略」も巡らせることなく、呑気に1ヶ月を過ごしてしまう教師がいる。

そして、学級がうまくつくれないと泣き言を言う。

また、そういう教師に限って、指導技術に乏しい。楽しい授業も知らない。たくさんのネタも知らない。「武器」すら持っていないのだ。

厳しい「戦場」に「策略」も練らず「武器」も持たず臨むなんて、無謀すぎる。

「戦場」に「丸腰」で向かうなんてバカな真似は絶対にしてはいけない。そんなバカな真似をすると、「戦死」してしまう。学級崩壊したり、病休に追い込まれたり、辞職に追い込まれたりしてしまう。

いや、自殺に追い込まれるなんていう本当の「戦死」になってしまうのかも知れない。

そんな事態は、絶対に避けなければならないのだ。

まずは「怖さ」を知ろう。子どもたちは、本当に残酷である。気に入らない担任を休職に追い込もうと、アレコレと「策略」を巡らせてくることさえある。

「怖さ」を知り、子どもたちに負けない「策略」を練り、厳しい現場に出ることが絶対に必要である。

戦わぬことこそ最善の策

子どもたちは非常に残酷である。時には、担任を辞めさせようと「策略」を練る。

たとえば、ある学校で私が6年生を持った時の話である。A先生という転勤してきたばかりの男性教師が同じ6年生を担任した。私より年上のベテランだ。

話が逸れるが、転勤してきたばかりの教師に高学年、ましてや6年生の担任をさせることとは非常にリスクを伴う。本当はもう少しプロ意識を持ち、誰でも高学年を担任して、このような事態は防がなければならないのだが…。

しかし、プロ意識の低い現場では、高学年を敬遠する教師が多い。だから、転勤したばかりの教師を高学年に配置するなんて無茶な学校運営の「策略」が横行してしまうのだ。

（学校運営にも「策略」が必要なのは言うまでもない）

話を戻そう。このベテラン男性教師のクラスが４月の最初から荒れに荒れた。

私はこの時、５年生から持ち上がりであった。３クラスの学年でクラス替えを行ったので、この荒れた学級に前年度担任した子も多くいた。

そこで、同じく持ち上がった学年主任と共に、このクラスの子を個別に呼んで指導することにした。

その中で分かったことがある。この子たちは、６年生になって２日目からＡ先生を辞めさせる「策略」を巡らせていたのだ。

この学年は、毎年１人ずつ担任を辞めさせて来た。教師が嫌がることなど、学習済みである。７人の男女でまずは「授業中、わざと筆箱を落とす。そして、Ａ先生が注意したらみんなで笑う」という「策略」が練られた。そして、すぐに「Ａ先生辞めさせたるで計画」がスタートする。

この話のポイントは「２日目から」である。まだ、日は浅く、Ａ先生のことは何も分かっていないはずだ。ただ、聞いていると、子どもたちは直感的に「Ａ先生は面白くない」と感じたようだ。理由は、それだけである。

この時は保護者も「Ａ先生辞めさせたるで計画」に加わった。

毎年1人ずつ担任を辞めさせてきた学年である。子どもたちだけでなく、保護者の「策略」も手慣れたものだった。

それでもA先生は子どもたちと上手に距離を取り、厳しい1年間を凌《しの》ぎきることができた。

崩壊学級の担任ができるのは、「凌《しの》ぐ」ことだけである。（173ページでやや詳しく述べる）

A先生は休み時間の度に職員室に降りて来て、子どもたちと上手に距離を取った。その他のことでも、できるだけ子どもたちと関わらないようにした。

「凌《しの》ぐ」という「策略」で自分の身を守ることに成功したのだ。

A先生の「策略」は本当に見事だった。私の身に学級崩壊という災害が降りかかった時には、絶対に真似しようと思っている。

子どもたち、そして、保護者たちも「策略」を練ってくる。プロ教師はその「策略」に絶対に負けてはならない。

ただ、勘違いしてはいけない。「負けてはならない」とは書いたが、「戦え！」と言っているのではない。

子どもたちと、ましてや保護者との全面対決なんて事態は絶対に避けなければならない。今は教師より保護者の方が力を持っている。「そんなことしたら、子どもを学校にいかせませんよ」と子どもを人質に様々な要求をする。

いや、子どもたちも教師より力を持っているかも知れない。「先生、そんなことしたら、教育委員会に言うよ」なんて平気で言う子を何人も見たことがある。

そんな保護者や子どもたちと全面対決しても「負け」はハッキリと見えている。

では、どうするか？

一番いいのは、戦わなくてすむ状態をつくることだ。戦わなければ、決して、負けることはない。

また、戦ってしまえば、勝っても遺恨が残る。担任を快く思っていない子どもたち、保護者たちは、次のチャンスをうかがうことだろう。

戦わなくてすむような「策略」こそが教師には必要なのである。

「怖さ」を知っても、それを見破られるな

A先生の話を読んで、怖くなった読者もいるだろう。
明日は我が身である。私も学級崩壊が怖い。死ぬほど怖い。でも、だからこそ「覚悟」を持ってがんばる。「怖さ」を知っておくことは本当に大切だ。
しかし、教室のリーダーである教師は、意識しなければならないことがある。それは、

「怖さ」を知りながらも、それを表に出してはいけない

ということである。特に、子どもたちに絶対に気づかれてはダメだ。
自信のないリーダーは、信用されない。教室のリーダーである教師は自信たっぷりであ

るべきである。

アメリカではスピーチの指導をする時、子どもたちに、「自信のあるフリをしなさい」と教えるらしい。たとえば、私の師匠・上條晴夫氏は次のように述べる。

西洋型は、「ブれ」という。「あえて自信ありげに振る舞う」ことを推奨する。スピーチで胸がドキドキするのはみな同じである。堂々と大股で進み出て、落ち着き払ったように正面を向き直り、いかにもスピーチを楽しむというふうに話し始める。

ブッて話し出すことが大切なのだと教える。

そうすることで勇気を得る。

（上條晴夫著『子どもの表現力がつく教室スピーチ』（学事出版）より

教師だって、人間だ。ドキドキすることもあるだろう。しかし、それを子どもたちに悟られてはならないのだ。

最近は、若手と一緒に講座を行うことも多い。その時、気になるのが、若手の余裕のなさである。ガッチガチに緊張してしまっている。そして、それがお客さんにまで伝わってしまっている。そんな状態でどんな秀逸な内容を披露しようが、無駄である。お客さんはリラックスして楽しめない。笑えない。

私も久々に緊張しそうになった。２０１４年10月18日に行われた「第９回仙台教育縁太会『東北お笑い教育サミット』」の講座である。

会場はテレビの収録を行うようなところ。今までやったこともない異様なスペースだ。知り合いも全くいない。完全なアウェー。私の大好きなサッカーで喩えれば、倒れても倒れても笛が鳴らない感じである。

さすがに心の中では「ヤバイな」と思う。それでも、私は平静を装った。そして、徐々に私のペースに会場を巻き込んでいった。私のペースになれば、こっちのもんだ。会場が完全に中村学級化しているのだから、日頃の教室のように振る舞えばいい。緊張を隠すことで、本当に緊張しなくてすむ状態に持って行ける。

それなのに若手は平静を装えない。だから、お客さんが緊張し、空気が温まらない。何をやってもウケず、さらに講師が緊張する。そして、さらにお客さんも緊張する。悪い循環だ。

授業も同様である。若手の授業を見ていると、緊張感が伝わってくることが多い。そして、それが子どもたちにも伝わってしまっている。これでは、子どもたちは安心できない。

だから、教師も子どもも緊張しただけのつまらない授業になってしまう。

教師はリーダーである。リーダーがオロオロしているようでは、子どもたちは不安で仕方ない。

リーダーである教師は、自信のあるフリをし続けるべきである。

それがたとえ、どんな厳しい局面であってもだ。

教室で大きなトラブルが起きることもあるだろう。しかし、リーダーが動揺してしまっては、子どもたちも動揺する。

大きなトラブルだということを認識しながらも、あえて平静を装う。そして、子どもたちに「大丈夫だから」と言って、安心させる。

教師が「自信のあるフリ」をし続けることで、子どもたちにも余裕が生まれるのだ。

安定感のあるリーダーに子どもたちは安心する。そして、信頼する。

教師は「怖さ」を知りながらも、絶対にそれを表に出してはいけない。

教育はただ、「強制」だ！

教育は、強制である。

はっきりと断言しておく。

私は若い頃、左寄りの思想を持っていた。教育は強制だなんて、一番反発した考え方である。

しかし、どんなにきれいな言葉で「子ども中心の教育」などと言っても、結局私がやっていたのは、強制なのだ。

「子ども中心の教育」という方針を決めたのは、私ではないか。教室のリーダーである私の方針を子どもたちに強制していたのだ。

昔、京都で行われた「授業づくりネットワーク」の全国大会で「学び合い」で有名な西川純氏が次のようなことを言われていた。「『教える』野口（芳宏氏）ＶＳ『教えない』西川」という構図で行われた対談でのことである。

「『学び合い』も教師主導の授業なんです。なぜなら、『学び合い』で授業を行うと決めたのは、授業者である私なんですから」

かなり前の話なので、正確な引用ではない。しかし、多少ニュアンスの違いはあっても、大きく間違ってはいないと思う。

「学び合い」というと教師主導ではなく、子ども主導のイメージがある。しかし、西川氏の言う通り、その授業スタイルを決めたのは教師である。確かに教師主導の授業と言えるだろう。「学び合い」の手法を子どもたちに強制しているのだ。

「学び合い」も「子ども中心の教育」も強制だ。しかし、若い私には、その自覚がなかった。全く甘かった。プロになりきれていなかった。

20年以上も教育に携わってきたベテランのプロ教師である私は、はっきり思う。教育は、強制だ。

褒めようが叱ろうが、子どもが気持ちよかろうが悪かろうが、子どもを教育して成長させるのがプロ教師の仕事である。

成長させるとは、子どもたちを望ましい方向に変えていくこと。望ましい方向を決めるのは教育する者の仕事である。親であれ、教師であれ、子どもを教育する人間が望ましい方向を決めるしかないのだ。

世の中に絶対はない。それでも、リーダーである教師は方針を決断して強制するしかない。押しつけるしかない。

教育は、強制だ。それを認めるのが嫌で、若い私は逃げていた。

しかし、今は違う。

教育は強制だと分かっているから、謙虚に、慎重に強制するのだ。

そのためには教師が学び続けなければならない。

学んだことを生かして、「何を」「どうやって」強制するのか?謙虚に、慎重に「策略」を巡らせよう。プロ教師は責任を持って「策略」を押しつけるしかない。

学級担任は、「上司」程度の存在とあきらめよ

教師はリーダーである。しかし、担任になり、教室の前に立ったからといって、子どもたちはすぐにリーダーだとは認めない。「先生」だとは認めない。
今どきの子どもたちにとって我々教師は、「先生」という絶対的な存在ではなくなってしまったのだ。

今どきの子どもたちの感覚では、教師はせいぜい「上司」程度の存在にすぎない。

だから、担任を気に入れば、「先生」と認める。そして、指示に従う。逆に気に入らな

ければ、「先生」とは認めない。指示に従わないし、反抗する。刃を向ける。

まずは、「先生」と認めさせる必要がある。そのためには、子どもたちに気に入られなければならない。

では、子どもたちに気に入られるのは、どんな教師なのか？

それには、「我々が、どんな上司、どんな校長の下でなら働きたいか」を考えてみると良いだろう。

いつも不機嫌で怒鳴ってばかりの校長が好きか？答えは、「ノー」だろう。やはり、いつも上機嫌の校長がいい。

そして、いつも叱ってばかりの校長は嫌だ。自分を認めてくれる、褒めてくれる校長がいい。

今はいなくなったが、遠足の後など、「今日はお疲れでしょうから、日頃の超過勤務の回復で早めにお帰りください」なんて言ってくれる校長は最高だ。こういう校長になら、私たちもついていこうと思う。

となれば、子どもたちにとっても、どんな「上司」が受け入れられるか？　考えてみればいい。

まず、教師はいつも上機嫌であるべきだ。

私は朝が苦手である。職員室では、どうしても不機嫌に過ごしてしまう。朝、私に話しかける同僚はいない程である。若い頃は、朝、教室でも寝ぼけ眼で適当に過ごしていた。

しかし、今は違う。職員室を一歩でれば、プロ教師として振る舞う。誰よりも早く教室に行き、笑顔と元気の良い挨拶で子どもたちを迎える。教師が上機嫌で子どもたちを迎えることは安心感をもたらすからだ。

朝、一瞬でも手を抜くと、学級が成り立たなくなる可能性がある。それが、怖い。だから、プロ教師である私は、朝眠くても、上機嫌で子どもを迎えているのだ。

ある有名な実践家が、

「私は朝が苦手なんで、教室でも寝ぼけ眼です。朝からテンションは上げません」

と言っていた。私は即座に「プロ失格だ」と思った。その実践家の勤務している学校はさぞかし平和な学校なのだろう。うらやましい話だ。困難校では、そんな一瞬の気の緩みが命取りになる。だから、私は朝から無理して上機嫌で過ごすのだ。

また、いつも子どもたちを叱り続けている教師をよく見る。子どもたちも、そんな教師は嫌だろうと正直思う。

それに、叱られ続けていると、叱られることに慣れ、怖くなくなる。雷もたまに落ちるから怖いのだ。

私は、本気で怒鳴るのは1ヶ月に1度と決めている。そして、意識して「1」叱ったら、「10」は褒めるようにしている。

たまには「宿題なし」という大判振る舞いもする。運動会の後、音楽祭の後など、子どもたちが本当にがんばった時限定である。2ヶ月に1度、年5回が限界である。

その時は、「今日は漢字練習だけなしね」なんて、「せこい」ことは言わない。全ての宿題をなしにする。「せこい」リーダーは信用されない。子どもたちも太っ腹なリーダーが好きだ。

いつも上機嫌で、たくさん褒めてくれ、たまに大盤振る舞いをする。そんな教師を子どもたちは「先生」と認める。そして、リーダーとして慕う。

今どきの子どもたちにとって、教師は「上司」程度の存在である。

子どもたちに気に入られなくては、学級は成り立たない。

子どもたちに心は許すな、距離を取れ

「子どもたちに気に入られなくては、学級は成り立たない」と書いた。こんなことを書くと、勘違いされそうなので言っておく。子どもたちに気に入られるとは、友達のように好かれることではない。

教師は子どもと同じ目線に立っては絶対にダメだ。子どもより一段上の立場に立つ。絶対に馴れ合わない。

教師と子どもは立場が違う。教師は教室を統率するリーダーなのだ。

そのことを絶対に忘れてはならない。教師はリーダーとして子どもたちから慕われることが必要なのである。

私が尊敬しているある大ベテランの女性教師がこんなことを言ってくださった。5年、6年、5年、6年、6年と5年間も一緒に同学年を組んだ学年主任である。

「男の先生が高学年を担任すると、どうしても女子が『女』になっちゃうんですよね。変に馴れ馴れしくなってしまって。中村先生は絶対にないですね。子どもたちに慕われているんだけど不思議です。女子もちゃんと『子ども』してるというか…」

確かにそうだ。男の教師は、女子から異性として見られてしまうことが多い。そして、女子の扱いに苦労する。

しかし、私の前では女子も「女」にならない。「子ども」として振る舞う。

私が初任の頃から一切女子扱いに苦労したことがないのは、そのせいかも知れない。まあ、私に異性としての魅力がないと言ってしまえば、それまでなのだが…。

さて、話を「学級担任上司論」に戻そう。いつも上機嫌で、たくさん褒めてくれ、たまに大盤振る舞いをする上司が我々は好きだと述べた。

しかし、かといって、教職員のご機嫌ばかりうかがっているような校長は信頼できない。頼りない印象を持ってしまう。やはり、明確なビジョンを持った校長が信用できる。誰しも尊敬できる人間のもとで働きたいと思うものだ。

　また、いざという時に頼りになる校長がいい。たとえば保護者が怒鳴り込んで来た時には、毅然とした態度で立ち向かってくれる。教職員を守ってくれる校長がいい。そういう校長なら、我々も「親分」として慕うのは間違いない。

　これは子どもたちも同じである。いつも優しいだけのリーダーを子どもたちは信用しない。優しいだけ、面白いだけの教師だと子どもたちは不安にさえなる。

　教師は子どもたちにきちんとした方針を示すべきだ。そして、子どもたちが何を言おうが、絶対にブレない。その方針を貫徹する。

　もちろん、子どもたちが危ない目に遭いそうな時には全力で守る。たとえば、クラスの子が上の学年の子に意地悪でもされようものなら、すぐに怒鳴って止めさせる。そして、厳しく叱って、クラスの子に謝罪させる。

　子どもたちに気に入られるとは、単に好かれようと言う話ではない。


子どもたちの尊敬を勝ち取り、リーダーとして認めさせようと言うことだ。

ご機嫌だけを伺っている教師を子どもたちは信用しない。それなのに、妙なご機嫌取りをしてしまう教師が多い。やや蛇足になるが、述べておく。

たとえば、職員室で食べたお菓子のゴミを子どもに見つからないように捨てている学校に勤務したことがある。

なぜ、そんなことをするのだろう？お菓子を食べたことを隠すためか？私には全く理解できない。

「先生、職員室でお菓子食べてるでしょう？」

なんておかしなことを言う子がいたら、

「子どもと大人は違うのだ。君たちは学校に学びに来ている。先生たちは働きに来ている。条件も全く違う。君たちと先生が同じ訳がない」

と毅然として答えれば良い。この答え通り、

「子どもと大人は違うのだ」と子どもたちに理解させることが大切だ。

子どもに遠慮する必要はない。ご機嫌を取る必要もない。「子どもと大人は違うのだ」

とハッキリと言おうではないか。

それなのに、子どもと大人が平等だと思わせてしまっている教師が多すぎる。

だから、子どもたちがつけあがる。

「先生だけ長ズボンでズルイ」

と言われている教師を見たことがある。それでは、教師も子どもと同じ洋服や制服を着ろというのか?大人が小学生と同じ格好をしていたら、逮捕されるに違いない。

そのぐらいおかしな発言だ。それなのに、つけあがった子どもたちは平気でこんなことを言う。子どもと大人が平等だと大きな勘違いをしている証拠だ。絶対にそんな勘違いをさせてはいけない。そして、絶対にそんなことを言わせてはならない。

勘違いさせないためには、隠すのではなく、きちんと説明をすることが大切だ。

大人と子どもは違うのだということを子どもたちに分からせよう。子どもたちに遠慮することはない。ご機嫌取りをする必要はない。

妙なご機嫌取りをするリーダーは結局、信用されなくなってしまう。

片手にユーモア、片手にムチを

最初に断言しておく。

子どもたちは厳しい先生が嫌いではない。

子どもたちに気に入られるためには、厳しさも必要なのである。

たとえば、いじめである。誰も、いじめで傷つきたくないと思っている。

そこで、子どもたちは見ている。「この先生は、私がいじめられた時、厳しく叱っていじめを止めてくれるかどうか?」を。

たとえば、学級崩壊である。誰も、学級崩壊を望んではいない。

そこで、子どもたちは見ている。「この先生は、一部の『やんちゃ君』たちが授業妨害を始めた時、厳しく叱って妨害を止めてくれるかどうか？」を。

子どもたちは、いじめや学級崩壊を望んでいない。教師のリーダーシップのもとで教室を安定させてもらい、安心して暮らしたいと思っているのだ。

学級が「国」だとしたら、まず必要なのはお笑い芸人ではない。警察である。治安を守る警察こそが必要なのだ。教師は一人で警察の役を担当しなければならない。

それなのに、子どもを厳しく叱れない若手が多い。厳しく叱れば、子どもたちに嫌われると思っているのか？逆である。

きちんと叱らない教師は子どもに嫌われる。背を向けられる。リーダーとして信用されない。

では、厳しいだけでいいか？そこが今どきの子どもたちの難しいところである。

厳しいだけのリーダーに子どもたちはそっぽを向いてしまう。

今どきの子どもたちは「秩序を守る」という最低限の仕事だけでは納得しない。それにプラスして、自分たちを楽しませて欲しいと要求する。

つまり、楽しさの保障も教師に求めるのである。

子どもたちは厳しい指導で秩序を守り、なおかつ、楽しさを保障してくれる教師を信頼する。

これからの教師には、片手に厳しさ、片手にユーモアが必要だ

と言えるだろう。

授業も同じである。子どもたちは、分かりやすい授業を求めている。しかし、それだけでは満足しない。同時に楽しさ、面白さを求めている。

バラエティ番組に慣れている今どきの子どもたちには、

授業には、片手に分かりやすさ、片手に面白さが必要だ

と言えるだろう。

子どもたちに人気があるのは、

怖いけど、面白い先生。厳しいけど、楽しい先生

なのである。

簡単に書いているが、一人の人格で、この両方を使い分けるのは至難の技だ。

しかし、この両方の役を演じられない教師は、これからの子どもたちに受け入れてもらうことは難しいだろう。

ちなみに、学級担任は一人で「父性」「母性」「子性」の全てを担当できなければならない。父のような厳しさを持ち、母のような優しさを持ち、友達のように一緒に遊ぶということだ。

教師は一人で何役もこなさなければならない。これからの教師は本当に大変だ。

普通の教師でも子どもイジリで笑いを起こせ

子どもたちは、怖いけど、面白い先生が好きである。厳しいけど、楽しい先生が好きである。教師は「怖い、厳しい」役と「面白い、楽しい」役を両方演じなければならない。

では、「怖い、厳しい」と「面白い、楽しい」と、どっちの教師を演じるのが難しいだろう？　真面目な教師は、「面白い、楽しい」の方が苦手かも知れない。

そこで、「上條理論」である。私の師匠、上條晴夫氏が生み出した理論だ。私は「教室がなごむお笑いのネタ」という連載で、その方法を次のようにまとめて紹介している。

（「授業づくりネットワーク」２００４年５月号、学事出版）

・お笑いは、「フリ」「オチ」「フォロー（つっこみ）」から成り立つ。

・今までの教師は「オチ」を自分で担当しようとして失敗してきた。
・子どもたちに「オチ」を担当させ、教師は「フリ」「フォロー（つっこみ）」を担当しよう。

逆転の発想がすごい。まさにコペルニクス的転回（意味はよく知らないが・笑）だ。上條氏は本当にセンスのある方である。

「上條理論」を使えば、教師自身が面白いことをする必要はない。私のような真面目な普通の教師でも教室に笑いが起こせる。

しかも、子どもを主役に笑いが起こせるのが良い点だ。「この先生、面白い！」というより「〇〇くんって、面白い！」という印象が残せる。

教師が一人で笑いをつくるのではなく、教師と子どものコミュニケーションで笑いがつくれるのも優れた点である。

私は記録を残すのが苦手だ。この理論を使って数々の笑いを教室に起こしてきたにも関わらず、どんなことをしてきたか記録がない。そこで、この1週間で思いっきり笑えた事例を2つここに記録しておこう（この部分の原稿は、週末に飲みながら書いている）。

1つ目は、面積の公式を復習していた時のことだ。
「三角形の面積は?」(私)「底辺×高さ÷2」(子どもたち全員が声を揃えて)
「÷2は?」(私)「いるんじゃ!」(子どもたち)
「平行四辺形の面積は?」(私)「底辺×高さ」(子どもたち)
「÷2は?」(私)「いらん!」(子どもたち)
こうやって、今までに学習した公式をクラス全員で声を揃えて確認していた。しかし、その時、Bくんが隣の席のCくんとつつき合いのケンカを始めたのだ。
そこで、私は、BくんとCくんを前に出した。
「BとC、ケンカするんなら、みんなの前でしてもらおう。ただし、面積の公式でケンカするんだよ。では、みなさん、ショートコント『面積の公式でケンカ』」
こう言って、まずは、Bくんに怒鳴らせた。隣の席のCくんを力強く指差しながら、ケンカするイメージだ。
「三角形の面積は?」(Bくん)「底辺×高さ÷2」(Cくん)
CくんもBを指差しながら怒鳴る。
「平行四辺形の面積は?」「底辺×高さ」「÷2は!?」「いらん!」

言葉は面積の公式を言っているだけだ。しかし、表情や仕草、言い方はケンカそのもの。2人のやりとりに教室は大爆笑である。

調子に乗った私はクラス全員に2人組をつくらせ、面積の公式でケンカをさせた。教室に怒鳴り声が響き、さらに大爆笑が起きる。

こういうくだらないことを即座に思いつくのは、私の武器かも知れない。

2つ目は、またもBくんである。ちなみに、Bくんは他のクラスにいたら、いじめに遭ってしまいそうな子だ。私はこういう子をスターにしてしまうのが得意である。

欽ちゃんは、シロウトいじりの天才であった。欽ちゃんの手にかかれば、地味で目立たない気仙沼ちゃんがスターになる。見栄晴氏がスターになる。斎藤静六氏がスターになる。

ツッコミ気質の私は、欽ちゃんに似ていると思っている。本書のテーマである「ブラック」「腹黒さ」も共通だ。欽ちゃんも実に腹黒い男だ。同じ臭いのする私にはよく分かる。

さて、休み時間の話。Bくんが私のジャンパーを着たがった。フードつきのジャンパーである。そこで、着せてみた。Bくんは上機嫌である。

その時、授業開始のチャイムが鳴った。そこで私はBくんにフードをかぶせて、机の後ろに隠れた。そして、「B、先生のフリして、黒板の前に立って」と小声で言って、Bくんを教室の前に立たせた。

授業開始の号令が終わった後、さらに小声で次のように指示した。

「B、『全員、起立！教科書、ノートの準備が出ている人、座る』って言って」

「B、黒板に『11月5日、P58』って書いて」

Bは私の指示通り、私になりきって動いた。教室は大爆笑である。最後に、小声で、

「B、フードを取って『ジャ〜ン！実は、Bでした』って言って。拍手が起きるから」

と指示した。小声と言っても他の子にも聞こえるぐらいの声だ。Bが言われた通りに演じると、大きな拍手が起こった。

「みんな、ビックリした?実は、Bだったんだよ。楽しませてくれたBに拍手〜！」

私のコテコテのボケにさらに笑いは大きくなる。拍手をもらったBは上機嫌で席についた。

この2つの事例を読んでいただければ分かると思うが、私は何一つ面白いことをしていない。面白いことをしたのはBくんだ。私がしたのはちょっと面白い「フリ」をすること、そして、ツッコミや拍手などで「フォロー」することだけである。

「上條理論」を使えば、私のような普通の真面目な教師でも、教室に笑いが起こせる。

はじめギュウギュウ締めれば、後が楽

片手に厳しさ、片手にユーモアが必要であると述べた。
では、どちらを先に持ってくるか？

当然、厳しさを先にする。この順番を間違ってはいけない。

それなのに、多くの若手はこの順番を間違ってしまう。
子どもたちに気に入られようと、ユーモアを先に持ってくる。
また、子どもたちに気に入られようと、厳しさを後回しにする。先に自由度の高い、ゆるい政策を行ってしまうのだ。

若手は自由度を高めると、なかなかうまく行かない。そこで、にっちもさっちもいかなくなって、子どもたちを締めようとする。

今どきの子どもたちにとって、教師は上司程度の存在だと述べた。また、校長を例にしてみよう。

細かいことは一切言わない、職員の好きにさせてくれる校長がいたとする。当然、我々は「話せる校長だ」と思う。しかし、その校長がいきなり細かいことをうるさく言い出したらどうだろう?裏切られた感じがするだろう。そして、反発するだろう。

人間とは、そういうものだ。最初がゆるいのに、後から締められると、どうしても反発してしまう。

逆に最初に締めておいて、後でゆるめると、「こいつ、意外に話せるな」となる。

席替えを例にしよう。若手は、まずは子どもたちに「先生が決めるもの」と思わせておいた方がいい。クラスが育ってきて、たまに「クジ」や「自由」を入れると、子どもたちは「話せるヤツ」と思う。

逆に最初に「自由」にしておいて、いきなり「先生が決める」と言い出したら、子どもたちは反発する。

子どもだって、人間だ。人間とは、そういうものなのである。

ちなみに、私は超アドバンテージを持っている。私は「学校で一番怖い先生」のイメージがあるからだ。運動会の全校練習での厳しいイメージがあるからかも知れない。「今年の担任が中村先生だったらどうしよう…」と心配して、毎年少なくとも2人泣く子が出るほどだ。家庭訪問の時にお母さんが笑い話として話してくださることが多い。

「学校で一番怖い先生」というイメージを持たれているのだから、楽である。私が少し面白いことをしただけで、子どもたちは「意外に面白い」と思ってくれる。普通に雑談するだけで「意外に話せる」と思ってくれる。

若手も、

まずは、自由度を下げて、ギュウギュウに締めるべきだ。

自由度を上げるのはいつでもできる。クラスの様子を見ながら、少しずつ自由度を上げていけばいい。逆に一度ゆるめてしまうと、後から締めるのは難しい。

順番を間違わずに「策略」を巡らせることが大切である。

怒鳴るのも、「策略」のうち

私は怒鳴ることも大切だと考えている。教師にはある種の「怖さ」が必要だからだ。
ただし、月に1回が限界である。いつも怒鳴り続けている教師は子どもたちも嫌だろう。叱ってばかりの教師は、子どもに背を向けられる可能性が高い。
また、いつも怒鳴られていては、怖くなくなる。雷もたまに落ちるから怖いのである。
体罰は法律で明確に禁止されている。だから、私はしたことがない。となると、

怒鳴ることは、我々教師に与えられた「最終兵器」である。

この「最終兵器」は、大事に使わないといけない。

効果的なのは、クラス全員の前で怒鳴ることだ。みんなの前で怒鳴ることで、怒鳴られていない子にも「こんなことしたら厳しく叱られるんだ」と伝えることができる。

クラス全体の前で「いつ」「何について」「どの子に」カミナリを落とせばいいのか？教師の冷静な「策略」が必要なのだ。

特に「どの子に」は大切だ。

まずは、発達障害をもつ子は絶対に怒鳴らない。発達障害をもつ子が問題行動を起こしても上手に「流す」。周りの子も、そして、本人も何となくできているようなイメージにしてしまうのだ。

発達障害をもつ子をみんなの前で叱ると、クラスのみんながその子の問題に気づく。そして、問題児として見るようになる。すると、その子はクラスに居場所がなくなり、ます問題行動を起こす。まさに悪循環である。

その子の問題が周りにバレないように上手に「流す」。そして、その子の良さを教師がどんどん宣伝していく。すると、その子はクラスに居場所ができる。そして、問題行動を起こさなくなる。こういう良い循環に持って行くのだ。

女子もみんなの前で怒鳴ってはダメだ。女子はレディとして接する。その子の好きな男子が教室にいるかも知れない。恥をかかせたら、その子は教師に背を向けるに決まっている。女子をみんなの前で怒鳴ったら、ゲームオーバーだと心得る必要がある。

いわゆる「やんちゃ君」も、相手にしない方がいい。彼らは、怒鳴るとスネて、反抗的になる恐れがある。

「やんちゃ君」が2，3人いても、クラスが壊れることはない。対峙して反抗的になるぐらいなら、放っておけばいいのだ。

叱るべきは、「やんちゃ君」の周りの子たちである。「やんちゃ君・予備軍」と呼んでもいい。その子たちが「やんちゃ君」の真似をして悪いことをしようとしたら、怒鳴って止める。彼らはもともと悪い子ではない。厳しく叱っても大丈夫だ。

「やんちゃ君」が2、3人いても、クラスは壊れない。しかし、それが4人、5人、6人…と増えていくと、学級崩壊の危険が高まる。だから、「やんちゃ君」が増えないように周りの子を厳しく叱るのだ。

ただ、基本、「やんちゃ君・予備軍」たちもクラスみんなの前では怒鳴らない方がいい。

みんなの前で怒鳴られたことを恨みに思って、「やんちゃ君」化されても困る。個別に呼んで叱る方が効果的だ。

どの子にも言えるが、最近の子はプライドが高い。原則、みんなの前では怒鳴らない方がいい。原則、叱るのは「呼んで個別に」がベストである。

では、クラスみんなの前で怒鳴るのは「どの子に」するか？

私はいつも叱られ役の子をつくっている。明るい男子で、教師のことが大好きで絶対に背を向けない子がいい。みんなの前で怒鳴る代わりに、その子のことは全力で可愛がる。ドッジボールをすれば、その子にパスを出す。鬼ごっこなら、オニになった時、その子を追いかける。もちろん、一番多く話しかけるし、手伝いもその子に頼む。そして、うるさい保護者でないことが大前提だ。

今どきの子は叱られ慣れていない。怒鳴るには気を遣う。しかし、全く怒鳴らずに学級が成り立つほど現場は甘くない。

ちなみに、いつもギャンギャン怒鳴っている教師を見ることが多い。正直、見ていて楽しいものではない。美しいものでもない。子どもたちもきっとそう感じているだろう。

きちんと「策略」を練って叱らないと、子どもたちの心は離れていく。

悪いからじゃない、「シメ時」だから叱るのだ

叱ること、怒鳴ることには「策略」が必要である。

私は、「今日は怒鳴る」と決めていることさえある。

たとえば、運動会の後である。運動会でがんばった子どもたちは、この時期に気がゆるむことが多い。

ある年の5年生も、運動会は全力でがんばった。初めて運動会を運営する側に回り、見事な大活躍を見せた。しかし、そのがんばりの後遺症か、はっきりとゆるい空気を感じた。忘れ物は増える、廊下を走る子は増える、トイレに落書きが多発するという始末である。

「締め時」であるというのは明らかだ。

運動会後、初めての全校朝会が行われた。私は、「今日は5年生を叱る」と決めて子どもたちの様子を見ていた。

しかし、5年生は思っていたほど悪くはない。全校や学年で集まった時には「高学年として振る舞う」という姿勢は身に付いているのだろう。褒めることもできるぐらいのがんばりを5年生は見せていた。それでも、全校はザワザワと落ち着きがなかった。低学年のおしゃべりがやまない。おしゃべりしている6年生さえいる。

全校朝会が終わり、1年生から教室に帰り始めた時、5年生の前に立って、私は叫んだ。

「君たちは何年生ですか？」「5年生！」

子どもたちは声を揃えて大きな声で答える。声の大きさも申し分ない。それでも、私は厳しい顔をして「5年生、起立！」と叫んだ。

1秒もかけず、サッと立つ子どもたち。それでも、私はさらに厳しく叱る。

「君たちは何年生ですか？」「5年生！」

「嘘つくな！こんな5年生があるか！5年生は高学年。全校のお手本のはずだ。君たちがこんなダラッとした『気をつけ』をしてるから、低学年がしゃべる！君たちのせいだ！

きちんと『気をつけ』しろ」

　そんなにだらしない姿勢をしている訳ではない。それでも厳しく言うと、子どもたちはさらに背筋を伸ばし、指先を伸ばした。

「君たちが最初からこういうピシッとした姿勢で雰囲気をつくったら、低学年はしゃべらなかったはずだ。全校が退場するまで高学年として振る舞いなさい。全員、座る！」

　子どもたちは背筋を伸ばしてきれいな体育座りをした。それでも、追い込む。

「そんな姿勢だから、学校全体がゆるむんだ。そんな背の低い5年生がいるか！もっと背筋をピッと伸ばして背を高くしなさい」

　子どもたちは他の学年が退場するまで、ピシッとした体育座りを続けた。

　教師は「策略」を巡らせ、子どもたちを叱って締めたり、褒めて伸ばしたりする必要がある。意識的に上げたり下げたりすることが必要なのだ。

　それなのに、その場の気分で「上げ下げ」を選んでいる教師がほとんどだ。いや、上げたり下げたりということをしない教師さえいる。

　いずれにせよ、締め時がある。そんな時は、「今日は叱る」と「策略」を練って臨むことも必要なのである。

「策略」は、「点」ではなく「線」で考え巡らせよ

「策略」も練らず、感情に任せて子どもたちを叱ることは非常に危険である。
今どきの子どもたちは叱られ慣れていない。厳しく叱るだけで教師に背を向けたり、不登校になったりする可能性さえある。
そこで、厳しく叱る「策略」について述べた。「いつ」「何について」「どの子に」カミナリを落とせばいいのか？きちんと「策略」を巡らせて叱る必要がある。しかし、

指導は「点」ではない。「線」なのだ。
「策略」も「線」で考えて巡らせることが必要である。

「いつ」「何について」「どの子に」厳しく叱るかという「点」だけで「策略」を練るのでは不十分だということだ。厳しく叱ったその先、褒めるというゴールを目指して叱ることが大切である。つまり、こういう「線」（流れ）になる。

厳しく叱る → 子どもたちが成長する → 褒める

たとえば、ノートを乱雑に書いていた子がいるとしよう。教師は当然、叱ってやり直しを命じる。しかし、次の日、その子がノートをすごく丁寧に書いていたら、

「すごい！昨日とは見違えるキレイな字じゃんか。成長してるねえ。先生、嬉しいよ」

などと褒めるのである。

もともと放っておいたら乱雑にノートを書くような子である。その子が一生懸命丁寧にノートを書いたのだ。教師はそれを見逃してはいけない。成長をしっかり褒めてあげる必要がある。

褒めるというゴールが見えていると、教師は余裕を持って叱ることができる。

昔、私の講座を受けてインタビューしてくださった池田修氏（京都橘大学准教授）が、

健ちゃんは、褒めたくて叱ってるんだよね。

と言ってくださった。まさしく至言である。

教師は叱りたくて叱っているのではない。子どもを成長させたくて叱っているのだ。そして、成長した子どもを褒めたくて叱っているのだ。

褒めるために叱る

ということを意識すると、指導が非常に楽しくなる。また、叱ることにも余裕が出る。

私が意識して「褒めるために叱る」ことができるようになったのは、教師を10年以上続けた後である。若手にはなかなか難しいことかも知れない。

しかし、「褒めるために叱る」ことができるようになると、教師の力量は大きくアップする。それが実感できるはずだ。

「点」ではなく「線」を意識して、厳しく叱る「策略」を巡らせることをオススメする。

第2章

「やんちゃ君」に反抗させない個別対応術

クラスにいる「やんちゃ君」を反抗させてはいけない。
どんなあの子ともつながる術を伝授したい…

「やんちゃ君」を嫌ったら、アウト

この章では、「やんちゃ君」に反抗させない「策略」について述べていく。いわゆる「やんちゃ君」に手を焼く同僚をたくさん見てきたからだ。

最初に、一番大切なことを述べておく。それは、

教師が「やんちゃ君」のことを絶対に嫌いになってはいけない

ということである。

いや、「やんちゃ君」だけではない。教師は、自分のクラスの全ての子どものことを絶対に嫌いになってはいけない。

職員室で子どもや保護者の悪口を聞くことは、非常に多い。しかし、絶対にそれを否定してはいけない。

現場は非常に厳しい。教師たちは、大変な子どもたち、大変な親たちと戦い続けているのだ。疲れ切っているのだ。

職員室ぐらい、愚痴を言い合える空間にしようではないか。

職員室ぐらい、ホッと一息つける空間にしようではないか。

それなのに、子どもや親に対する愚痴に否定的な人間がいては困る。誰かが子どもの悪口を言う。それに対して、

「教師として子どもの悪口を言うのはいかがなものか?」

そんなことを言う人間がいては、おちおち愚痴すら言えなくなる。

子どもや保護者の悪口を言い合えるのは、良い職員室である証拠なのだ。

だから、私も悪口に対して、一切批判しない。「そうですよね」と共感的に聞いている。

これは、意識して、そう心がけている訳ではない。共感できることがほとんどだ。今ど

きの子どもも保護者も本当に大変である。

しかし、その一方で、子どもの悪口を聞いていて心配になることがある。それは、

「この人、本当にその子のことを嫌いになっていないか？」

ということである。

自分のことを嫌いな人間のことを好きになれるか？「否」である。

自分のことを嫌いな人間の言うことを聞くか？「否」である。

自分のことを嫌いな人間のことは、間違いなく嫌いになる。自分のことを嫌いな人間の言うことは、間違いなく聞かなくなる。

それが、人間というものだ。子どもだって同じだ。人間なのだから。

子どものことは、絶対に嫌いになってはいけない。どれだけ問題のある子でも愛さなければダメなのだ。

教師という仕事をしているのだから、プロとして子どものことを好きにならないといけない。「策略」として、どんな子であれ、その子を愛する必要があるのだ。

先に大人と同じで子どもも人間だと書いた。しかし、大人以上に子どもは鋭い。自分のことを愛してくれているかどうかなんて、お見通しである。

子どもは、自分のことを認めてくれ、褒めてくれる教師を信頼する。だから、私は、新学期初日から子どもたちを褒めまくる。

始業式で子どもたちと出会った瞬間から、子どもたちを褒めるための勝負が始まっているのだ。

それなのに、間逆のことをしてはダメだ。

子どものことは、絶対に嫌いになってはいけない。「やんちゃ君」のことも、絶対に嫌いになってはいけない。馬が合うとか合わないとか、そういう私的レベルの話は捨てるべきだ。

教師はプロなのだから、「策略」として、どんな子でも愛する必要がある。

勝てる勝負にだけ、のれ

教師は教室のリーダーである。リーダーである教師は、絶対に負けてはいけない。勝ち続けなければならないのだ。

「やんちゃ君」たちを含め、クラス全員を統率し続けるために、教師は勝ち続ける必要がある。

そのために、一番大切なのが、

勝てない勝負はしない

ということである。

勝負しなければ、負けることはない。できるだけ勝負を避けることが大切だ。

勝負して勝っても、相手は快くは思わない。それをきっかけに反抗的になる可能性もある。子どもに背を向けさせないためにも、できるだけ勝負はしない方がいい。

とはいえ、教師は教室のリーダーである。時には毅然とした態度で勝負することも必要だ。そこで、「これは間違いなく勝てる」と思った時に、一気に勝負をかける。

たとえば、「いじめ」である。「いじめ」は絶対に見過ごせない。

ある年の卒業式練習でのことである。私は6年生全体を指導していた。私が校長役を担当し、証書のもらい方を教えていた時のこと。

実は、「いじめ」のあるクラスがあった。Dくんという大人しい男の子が「いじめ」の対象になっていたのだ。

Dくんが前に出て証書をもらう練習をした時、少しの失敗をした。すると、そのクラスの子4人が笑った。男子2人、女子2人である。

私は練習を即座に中止し、

「今、笑った者、立て！」

と怒鳴った。そして、壇上からかけおりて、まずは、そのクラスの他の子たちに聞いた。

「Dくんは一生懸命証書をもらう練習をしてたんだ。それを少し失敗したからと言って笑うなんて、人間として許せますか？先生は絶対に許せません。先生と同じで人間として絶対に許せないという人？」

私の手を挙げる仕草に促されて、4人以外のそのクラスの子は全員手を挙げた。

この時点で私の勝利確定である。4人以外のクラス全員を味方につけたのだ。私は多数派である。4人を少数派に追い込んだのである。

「いじめ」のあるクラスだ。当然、4人以外の子も多くが「いじめ」に参加している。しかし、そんなことはこの際どうでもいい。この場では、私の意見に同意させ、手を挙げたのだ。それで十分である。

勝てると分かったら、追い込む。

「失敗を笑うぐらいだから、さぞかし立派な証書のもらい方ができるんだろうな。出て来い！みんなの前でやってもらおう」

4人は泣き出した。しかし、さらに追い込む。男子一人を無理矢理前に出させた。

ここで男子を選ぶのも私が冷静な証拠である。

少しだけ練習させるフリをして、許した。他のクラスの子なので、少々遠慮したのもある。私は勝負に勝ったのだ。これで十分だろう。

ここで、学年全体に呼びかけた。

「一生懸命がんばっている人を笑うなんて、人間としていいの？」「ダメ！」

子どもたちは声を揃えて言う。

「一生懸命がんばっている人を笑うなんて、人間として絶対に許せないという人？」

6年生全員が手を挙げる。私の完全勝利である。


勝負に勝つための最大のコツは、多数派に立つことだ。


一部の子の許せない行動があった時には、多数派を味方につけてから勝負に出よう。

教師は「やんちゃ君」はじめ、クラスを統率するために、勝負に絶対に負けてはダメだ。

教師は勝ち続けなければならない。

全員は無理だとあきらめよ

私の友人・多賀一郎氏には『全員を聞く子どもにする教室の作り方』（黎明書房）という著書がある（学級崩壊と「聞く」ことの関係について書かれた非常に興味深い本だ。この本は版を重ねて爆発的に売れている。ぜひ、読んで欲しい）。

しかし、多賀氏は講座などで「全員は無理」だと言う。こんなタイトルの本を出しておいて…とは思うが、全く同感である。

全員を目指すことは大切だ。
しかし、その一方で全員は無理だと知っておくことも大切なのである。

たとえば、先にも述べたように、発達障害をもつ子は、絶対にみんなの前では叱らない。できなくてもやらなくても、上手にスルー、流すことも必要である。

それなのに、教師が「全員」を目指しすぎてしまうと、スルー、流すことはできなくなる。

私は厳しい教師である。当たり前のことは当たり前にさせようと、厳しく指導している。たとえば、当然、忘れ物にもうるさい。忘れ物をしたら、授業の最初に報告に来て謝罪させる。そして、厳しく一喝する。さらに、忘れ物をしたら、漢字ノートの宿題が倍になるという罰もある。宿題忘れも同様である。

ある年、Eくんという男の子を担任した。驚くほど忘れ物が多い子だ。しかし、それが家庭の問題だと気づくのに時間はかからなかった。

そこで、私はEくんに多くの物を買い与えた。Eくんが忘れ物をしたら、他の子に気づかれないようにコソッと渡してあげるのだ。名札やノートだけでも、いくつ買い与えたか分からない。

また、宿題を全くやってこないFくんという男の子を担任したことがある。

最初は厳しく指導した。しかし、何度怒鳴ってもFくんは宿題をやってこない。

共感的に話を聞いても、ダメ。その時は「明日こそは宿題をやって来る！」と力強く約束する。しかし、全くやって来ない。

宿題をしたか？確認の電話をする約束もした。毎日電話をするが、出ない日が多い。そもそも電話が止められていて、つながらないことが多い。なんとかつながった日でも、Fくんは宿題をやってこなかった。

保護者に相談しても、ダメ。お母さんに協力をお願いしたが、Fくんに宿題をさせることができない。いや、させる気さえなかったのかも知れない。口では「必ずさせていきます」と言ってくださるのだが…。

仕方ないので、Fくんと相談して、学校で宿題をやってから下校する約束にした。もちろん、保護者にも了解を得た。

そうすると、当たり前だが、宿題忘れはなくなった。そして、Fくんを怒鳴ることもなくなった。

私は、こんな風にして、忘れ物や宿題忘れを誤魔化してあげることがある。

もちろん、見極めが大切だ。がんばって忘れ物がなくなったり、宿題忘れがなくなったりする子なら、もちろん、厳しく指導する。そして、忘れ物がないように、宿題を忘れないように成長させる。

子どもを成長させるのが教師の仕事だ。それは絶対に忘れてはならない。

しかし、どんなにがんばらせても、絶対に無理という「強者」がいる。「強者」は目立たないようにスルーしてあげる、誤魔化してあげるのが一番だ。

全員にさせようと思うと、どうしても無理が来る。特に「やんちゃ君」と対峙しなければならなくなるのが一番の問題だ。「やんちゃ君」には、「強者」が多いからだ。

何とかさせよう、無理矢理させようと対峙すると、「やんちゃ君」は教師に背を向けてしまうことが多い。そして、教師に反抗し出す。

「やんちゃ君」と対峙することは、絶対に避けるべきである。

叱ったり、怒鳴ったり。または、共感的に話を聞いたり、励ましたり。こんなことが通用しない「強者」が教室に増えている。そして、「やんちゃ君」には「強者」が多い。

たとえば、整理ができず、すぐにゴミや私物を散らかす「やんちゃ君」がいる。自分で整理できるなら、もちろんさせる。

しかし、現実には、自分でできない子がいる。私のクラスにも何人もいた。そんな時、私は放課後、その子の机の中をコソッと整理してあげる。そうすれば、あまり汚れなくなる。すると、その子自身に整理させる物の数も少なくてすむ。

たとえば、授業中にノートを全く書かない「やんちゃ君」がいる。もちろん、私はノートにもうるさい。丁寧に書くことを求める。汚ければ、やり直しを命じる。しかし、ノートを全く書かない子に丁寧さを求めても無理である。

そんな時、私はまずはとにかく書いて出せばOKということにする。もちろん、他の子には気づかれないようにである。

これが、全員を目指すあまり、無理矢理させようとしたらどうだろう？特に「やんちゃ君」に無理矢理させようとしたらどうだろう？

間違いなく、ぶつかる。そして、その子は反抗的になる。

全員を目指すことは大切だ。しかし、その一方で全員は無理だということも知っておくべきだ。

限界を知らず、何でもかんでも「全員」を目指して指導するのはシロウトのすることだと思う。どこまで「全員」を目指せるか？教師の「策略」が必要なのである。

どうしても ダメなら流してしまえ

「今、教師に一番必要な力は何か？」
と聞かれたら、私は迷いなくこう答える。

これからの教師に一番必要なのは、間違いなく「流す」力です

と。「流す」力は、「スルーする」力と言い換えても良いかも知れない。

我々教師は非常に誠実である。気づいたことに、すぐに対応しようとする。特にベテラン教師は、クラスの様々なことに気づく。「気づき能力」が高いからだ。

しかし、気づいたからといって、すぐに対応するのがベストだとは限らない。

それなのに、誠実な教師は「策略」も巡らせず、すぐに対応してしまう。そして、失敗する。

誠実だからいいという話ではないのだ。プロ教師は誠実でなくていいので、結果を出すことが大切である。

もちろん、すぐに対応するのがベストな場合もある。冷静に考えて、すぐに対応するのがベストだと判断すれば、対応すればよい。

私が言いたいのは、

選択肢の1つに「流す」を入れて「策略」を巡らせよう

ということである。

たとえば、私のクラスでは、週に1回は自由席で給食を食べさせている。

もちろん、一人の子が出たり、嫌な思いをする子が出たりしたら、自由席は中止する。そう子どもたちと約束している。

自由は実は厳しい。決められた席で食べれば、何も考えずに楽である。しかし、自由にすれば、「一人の子はいないかな？」「嫌な思いをしている人はいないかな？」と考えないといけない。

子どもたちの「自治」の力を育てるために、自由席を取り入れるというねらいもある。

しかし、それ以上に、私は子どもたちの人間関係を見るためのアイテムとして給食の自由席を使っている。

子どもたちが自由にグループをつくるのだから、その時の人間関係が明確に表れる。いつも同じグループになっている子が離れ離れになっていれば、ケンカをしている可能性が高い。

仲違いの状態を発見しても、私は男子の場合はスルーする。放っておいても、来週までには仲直りしている可能性が高いからだ。また、仲違いしたままだとしても、男子は別の友達をつくって遊ぶものだ。

もちろん、配慮が必要な男子なら別である。しかし、男子は基本的にスルーすることにしている。

女子の場合は、どうするか？もちろん、ケースによる。だが、一言だけ声をかけておくことが多い。「Gさんと最近離れているみたいだけど、大丈夫？」などとである。

そして、その子が話をしてくれれば、一緒に解決策を考えることもある。話をしなければ、少し様子を見る。また、声をかけて様子がおかしければ、「話をしようか」と私から切り出すこともある。

私の経験上、教師が女子の関係に「策略」も巡らせずズケズケと入っていって、うまく行った試しはない。「策略」もなく関係を修復させようとすると、返って悪化させてしまうことが多いのだ。

慎重に緻密にその子と相談しながら「策略」を巡らせて、関係修繕に乗り出さなければならない。

先ほど述べた「全員を目指さない『策略』」を実行するためにも、「流す」力が絶対に必要である。

教師に「流す」力がなければ、発達障害をもつ子の問題がクラスみんなに分かってしまう。「やんちゃ君」と対峙し、反抗的にさせてしまう。そして、クラスは絶対にうまくいかなくなる。

これからの教師は、「流す」力を身に付ける必要がある。

学力なんかつかなくても、子どもたちが荒れなければ良い

主に学級づくりについて書いている。しかし、私は授業にもこだわりがある。

授業が成り立っているということは、学級崩壊していない証拠であるからだ。

「教科の専門性の高い、素晴らしい授業をしよう」なんて、高尚なこだわりではない。
そんな思いは、とうの昔に捨ててしまった。
私がこだわっているのは、授業を成り立たせるための最低限のこだわりである。
困難校に勤めていると、高尚な授業をしたいなんて欲求はなくなる。情けない話だが、
私のようなベテランでも、日々、普通の授業を成り立たせることに苦労するからだ。

極端な言い方をすれば、

学力なんてつかなくてもいいから、子どもたちが荒れなければいい

とさえ思っている。

というか、下手に学力をつけようとすると、子どもたちは荒れることが多い。

たとえば、学力テスト前に大量のプリントをさせるよう指示をうけたことがある。私が見ても、吐きそうになるほどの量である。

私も何枚かプリントをさせてみた。子どもたちがイライラしているのは明らかだ。露骨に反発し、プリントを一切しない「やんちゃ君」もいた。

そこで、私はプリントを精選して少なくした。このままではクラスが危ういと判断したからだ。

真面目にそれらのプリントをこなしたクラスは大変だったようだ。朝から子どもたちがイライラする。ケンカも多発する。教室から出て行ってしまう子もいる。

こうなってしまっては、授業どころではない。学力をつけるためのプリントが授業を成

り立たなくさせてしまったのだ。

授業が成り立たなければ、学力がつくはずもない。
崩壊学級で学力がつかないのは当たり前の話である。

学力を保障するためにも、まずは、クラスを成り立たせる、授業を成り立たせることが最優先である。

だから私は高尚な授業へのこだわりではなく、普通の授業を成り立たせるためだけにこだわっていろいろなことをしている。

その取り組みは、拙著『つまらない普通の授業に子どもを無理矢理乗せてしまう方法』（黎明書房）に詳しく書いている。ちょっと自信作だ。ぜひ、読んで厳しい現場に生かして欲しい。

自分の授業スタイルなんて捨ててしまえ

授業についてもう少し述べる。
ある年、大変な「やんちゃ君」を大量に集めたクラスを担任した。もちろん、私のクラスには、大変な「やんちゃ君」を集めることが多い。
しかし、この年は異様だった。前年に初めて同学年、しかも隣の教室を担任していた同僚が辞めてしまった。心が折れそうになるほど苦しい思いをした私は「同僚が辞めさせられるぐらいなら、俺が辞めたる」と大量の「やんちゃ君」をクラスに集めたのだ。「自爆テロ・クラス」と名付けていた。
なかなか厳しい1年だったが、私の授業はなんとかなった。しかし、問題は専科の授業である。特に音楽の授業の荒れようがひどかった。

仕方なく、私が毎時間サポートに入ることになった。私は原則、サポートに入るのに反対だ。教室に授業者以外の教師がサポートに入ると、授業者の権威はガタ落ちになる。「他の先生に入ってもらわないと何もできないヤツ」と思われ、子どもたちはますます反抗的になってしまう。

しかし、この時の音楽の授業は末期症状。私が入るしか、もはや方法はなかったのだ。音楽の授業を見て、驚いた。たとえば、高音と低音に分かれて合唱の練習をする時である。高音の子どもたちが立って練習している。低音の子は黙って座って、それを聞いておかないといけないのだそうだ。

5分間以上、高音の子の練習が続く。当然、低音の子がしゃべり出す、立ち歩きを始める子もいる。それを止めるのがサポートの私の役割だ。

しかし、正直に言えば、おしゃべり立ち歩きをする子の気持ちがよく分かった。

このシステムだと、退屈した子どもたちは、おしゃべりしたくなるだろう。立ち歩きしたくなるだろう。ジッとしているのが苦手な「やんちゃ君」たちは、特にそうだ。

子どもたちに、おしゃべり立ち歩きをする隙を与えすぎである。

それでも、おしゃべり立ち歩きを止めない訳にはいかない。この音楽専科も厳しく叱っていたようだ。そして、子どもたちの心は離れていった。そして、反抗的になっていった。5分間を1分間に短くする、低音の子にも何か作業をさせるなど、何らかの工夫が必要なのは明らかなのにである。

それなのに手を打たず、おしゃべり立ち歩きをする子を叱るから、子どもたちの心がどんどん離れていってしまうのだ。本当は、

おしゃべり立ち歩きをする隙を与えず、叱らずにすむようにする

ことが必要であったはずだ。

特に「やんちゃ君」たちは、叱られると、すぐにスネる。彼らは自分たちだけがおしゃべり立ち歩きをしていたとしても、叱られれば「なんで俺らだけ」と不満に思う人種なのである。だから、

叱らずにすむような「予防」が非常に大切なのだ。

しかし、このベテランの音楽専科は、一切そういう手を打たなかった。力のある音楽専科の教師だった。特に合唱指導では有名な実践家だ。他の学校では、この指導法で授業が成り立っていたのだと思う。しかし、困難校では無理だった。

それでも、今まで自分が築き上げてきた授業スタイルを変えるのは難しかったのだろう。同じ教師として、それはよく分かる。教師には誰でも自分の授業スタイルというものがある。それを変えるのは非常に勇気がいることだ。しんどい（つらい）ことだ。しかし、

子どもに合わせて自分の授業スタイルを変えることができなければ、これからの子どもたち相手に授業を成り立たせることは難しい

のだと思う。だから、私はがんばって自分を変えるように努めている。

たとえば、号令。私は、以前、授業の最初に号令をかけていなかった。

「号令なんかしなくても、子どもがパッと集中する授業をしたい」と考えていたからだ。

事実、子どもたちは号令をしなくても、パッと授業に集中してくれた。

しかし、困難校では無理だった。子どもたちは休み時間と授業の切り替えが難しかった。

特に「やんちゃ君」たちはそうだ。そこで、私は号令をかけるようになった。すると、「やんちゃ君」を叱らなくて済むようになった。

座り方もそうだ。以前の私はイスに浅めに座らせていた。すぐに立てるようにするためだ。また、発表する子の方におへそを向けて聞かせるためだ。

しかし、困難校では無理だった。イスに浅めに座らせると、子どもたちはすぐに足を組む。机の上に足を上げる。真面目で能力の高い女子でさえ、足を上げることがあった。もちろん「やんちゃ君」たちの姿勢は最悪だった。

そこで、私はイスを机にしっかりと入れて座らせるようになった。おへそがピッタリと机につくイメージだ。すると、「やんちゃ君」を叱らなくて済むようになった。

自分の築き上げてきた授業スタイルを変えるのは、本当にしんどいことだった。

しかし、授業を成り立たせるためには仕方がない。私自身が変わるしかなかったのだ。

これからの教師には、子どもの事実に合わせて自分を変える勇気が必要だ。

大変なことだが、厳しい現場で生き抜きたければ、自分が変わるしかないのである。

叱らなくてすむ「予防」を張り巡らせよ

「やんちゃ君」が反抗しないようにするためには、「予防」がとっても大切である。

「やんちゃ君」が教師に背を向け、反抗し始めたら、打つ手がないからだ。とにかく「予防」に努めるしかない。

私は「やんちゃ君」とは絶対に対峙しない。少々のことは目をつぶる。目に余ることは、個別に呼んで話をする。叱るのではなく、話をするのだ。いや、話を聞くというイメージが強い。たとえば、こんな風に話す。

「最近さあ、授業中、ノートを取らないことがあるけど、どうしたの？1学期はあれだ

け　いろんなことをきちんとやってたじゃんか。ノートも毎時間、ちゃんと書いてたし」

それなのに、「やんちゃ君」と対峙しようとするチャレンジャーが多い。「やんちゃ君」にナメられまいと、はりきるからだろうか？

前面からやんちゃ君を叱り飛ばす。そして、言うことを聞かせたと勝った気でいる。

「やんちゃ君」相手に勝ってもダメだ。負けた「やんちゃ君」は快く思っていない。反発・反抗の芽を生むだけである。

そして、徐々に教師に背を向け始めた「やんちゃ君」は、どこかのタイミングで教師に刃を向けるに違いない。

絶対に「やんちゃ君」と対峙してはダメなのだ。

そもそも「対峙する」ということは、すでに「やんちゃ君」と同列に並んでしまっている状態である。教師は「やんちゃ君」を一段上から、大人として見るべきだ。そして、余裕のある対応をしなければならない。

私は授業中にも細かい配慮をしている。ホンのちょっとしたことだ。

たとえば、ある名人の授業を見せていただいた時のことである。ものすごい授業でうなるばかりであった。教科の専門性の高い、素晴らしい授業だ。まさしく名人の授業で、非の打ち所がない。これは参観した教師、全員共通の意見だった。

しかし、私には1点だけ気になるところがあった。作業で使ったハサミを机の上に出しっぱなしにさせたのだ。

案の定、一部の「やんちゃ君」は、ハサミで手悪さを始めた。中には、ハサミで鼻を挟んで、周りの子を笑わせようとしている「やんちゃ君」もいた。

こうなると、当然、教師は叱ることになってしまう。

「やんちゃ君」はできるだけ叱らない方がいいに決まっている。もし、ハサミを机の中に片づけさせておいたら、叱らなくてすんだはずだ。

こんな小さなことも「予防」の1つである。

私は叱らなくてすむように、小さな配慮をして「予防」を心がけている。

子どもたちをきちんと叱ることは大切だ。それは、否定しない。

しかし、子どもたちは叱られることが嫌いである。また、叱ってばかりの教師は嫌いになる。叱る回数は少ない方がいいに決まっている。

「ハサミを机の中に片づけさせる」、なんて、本当に小さな「予防」である。

しかし、こういう小さな「予防」の積み重ねこそが大事なのだと思う。

たとえば、教室がザワザワと落ち着かない時の教室移動である。私は、先に「教室移動は?」と聞いておく。子どもたちは、「黙って!並んで!」と声を揃えて言う。

そして、「じゃあ、黙って、並んで、行くんだよ。できなければ、やり直ししてもらうからね」と確認してから出発させる。

「黙って並んで」の教室移動が定着してきたら、確認しないことが多い。しかしザワザワしていて、「今日はちょっとできないかも?」と予測できたら、先に確認しておくのだ。約束を思い出した子どもたちは、守ろうとするだろう。

教室移動させた後で、また「全員起立!教室移動は?」と聞く。子どもたちは「黙って!並んで!」と再度声を揃えて言う。「黙って、並んで教室移動できた人、座る」私の声に全員が座れれば、「すごい!」と褒める機会になる。たとえ守れなくても、確認し、約束したばかりだ。守れなかった子をやり直させても、子どもたちは納得である。

「褒める」はタダ。

子どもたちは叱られることが嫌いである。また、叱ってばかりの教師は嫌いになる。逆に子どもたちは、自分のことを褒めてくれる先生のことを好きになる。だから、私は、

新学期初日から「策略」を巡らせて、子どもたちを褒めまくっている。

たとえば、始業式である。始業式の前日（この時は、4月7日・月）に私はすでに学級通信2号をほぼ完成させている。（第1号は、初日に配る。私の自己紹介、学級経営の方針など）ほんの一部だけ紹介する。

始業式、高学年として振る舞えましたか？

5年生は、高学年です。始業式など全校で集まる場面では、高学年として振る舞い、全校のお手本にならないといけません。4月8日（火）に行われた始業式でも、さっそく高学年として振る舞おうとがんばる5年4組の子どもたちの姿がありました。

特に印象に残っているのは、（　　　　　　）のキレイな体育座りです。座っているだけで全校のお手本になっていました。

（　　　　　）がしっかりと顔を上げ、話を聞く姿もお手本でした。一度も目線が落ちることがないのがすごいです。

（　　　　　）は、指先までピシッと伸ばした素晴らしい「気をつけ」ができていましたね。

5年生は、高学年です。この調子で高学年として振る舞い、全校のお手本になってくださいね。

私は子どもたちの上靴の名前や名札を見ながら、（　　）に数名ずつの名前をメモしていく。特に事前に情報を得た「やんちゃ君」の名前は意図的に入れる。褒める視点を先に決めているので、子どもたちの良さがすぐに見える。もちろん、先に決めておいた視点以外でも、子どもの良さを見つければどんどんメモする。そして、学級通信に書き加える。

始業式から子どもたちを褒めるための勝負が始まっているのだ。

子どもたちは自分の良さを認め、褒めてくれる教師が好きになる。そして、信用する。子どもたちの信頼を勝ち得るためにも、「褒める」という武器は多用した方がいい。もちろん、「やんちゃ君」の心をつかむためにもだ。

「やんちゃ君」たちには、あまり褒められた経験のない子が多い。「褒める」という武器は「やんちゃ君」たちに実に有効に働く。

「叱る」という武器はリスクを伴う。使用には、十二分の配慮が必要だ。それに比べて、「褒める」という武器はリスク0である。気にせず、どんどん使用したらいい。

ちなみに、私は子どもたちをものすごく褒める教師らしい。

最近、朝日新聞やNHKという大手を始め、いろいろな取材を受ける機会があった。私の教室に入られた方は口々に「中村先生は、本当によく子どもたちを褒めますね」と言ってくださる。取材を受けるのは面倒だが、私が意識せずにやっていることに気づかせてくださることが多く、有り難い。

「よく子どもたちを褒めますね」と言われたら、私は「言葉はタダですから」と答える。半分は照れ隠しだが、半分は本音だ。

リスク0、しかも、コスト0の「褒める」という武器はどんどん使うに限る。使わないのは、もったいない。

「叱る」場面を「褒める」場面に変えてしまうと言う離れ業もある。いや、そんな大げさなもんでないかな。

たとえば、「やんちゃ君」であるHくんの姿勢が悪く、手悪さをし始めた時だ。

「Hくん、手悪さをやめなさい！」と叱るのはシロウトである。それなら、隣の子を「Iくんは、姿勢がいいね！」と褒めればいい。すると、Hくんはハッとして、手悪さをやめるはずだ。そうすれば、「Hくんも姿勢が良くなった」と褒めることができる。

それでも効果がなければ、「Iくんがお手本になってくれたお陰で、Jさんも姿勢が良くなった」と逆の隣の席の子も褒める。

それでもダメなら「Kくんも良くなった！Lさんも良くなった！後3人」などと言う。

それでもダメなら「後1人だけ。みんなの前で名前を言おうか」と厳しく言う。

それでもダメなら「H、いい加減にしろ！」と怒鳴る。

怒鳴るのは、最終手段、最終兵器なのだ。

まずは、リスク0、コスト0の「褒める」という武器から優先して使っていこう。

子どもと個別の物語をつくる「エサ」をまけ

今どきの子どもたちは、承認欲求が強い。

子どもたちは、クラスの一員として、教師とつながりたがっているのではない。あくまで個人として教師とつながりたがっている。だから、

教師は、子どもたち一人ひとりと個別につながる必要がある。「一人ひとりと個別の物語をつくる必要がある」と言ってもよい。

学級という集団をつくりながらも、個を大事にしないといけない。これからの教師は本当に大変である。

特に「やんちゃ君」とは個別に強くつながっておく必要がある。これは「策略」として意図的に行うべきだ。

ある年、サッカー好きの「やんちゃ君」3人を担任した。その中の1人は、毎年学級担任を辞めさせてきた子である。また、もう1人は困難校でも一番の教師に対する反逆児であった。

それでも、この3人とはサッカーでつながることができた。

私もサンフレッチェ広島が大好き。そして、彼らもサンフレの大ファンである。

新学期初日の自己紹介で、私は次のように言った。

「中村先生の好きな物を3つ紹介します。1つ目は、サンフレッチェ広島です。サンフレの大ファンで、スカパー！で毎試合応援しています。年に何度か試合も見に行きます」

ちなみに2つ目は広島カープ、3つ目はラーメンである。

教師の好きな物を紹介しておくことで、子どもたちが話しかけたくなる「エサ」を撒いておく。自己紹介も「策略」を練って行うべきなのだ。

ちなみに、子どもが最も話しかけたくなる自己紹介は、

「先生はジャンケン王です。世界大会で優勝したことがあります。生まれて今まで一度もジャンケンで負けたことがありません」

である。こう言っておくと、休み時間、必ず子どもたちがジャンケン勝負を挑みにくる。私が勝てば「ほら」と得意げに言う。負ければ、思いっきり悔しがって、

「先生を生まれて初めて倒した男だ！君の名前は何だ？そうか、〇〇 〇〇くんの名前は一生忘れないからな」

と言って握手する。これで、その子との物語を1個ゲットである。

話を戻そう。サッカー好きの男子3人は、私の撒いた「エサ」にさっそく食いついて来た。休み時間になると、すぐに話に来たのだ。

「先生、サンフレッチェで一番、誰が好き？」

「やっぱ、寿人かな。J2に落ちた時も、一番早く残留表明してくれたから。サンフレユースの出身でもないのにね。サンフレユースで育ててもらったのに浦和レッズに出て行った薄情な人たちとは違うよね」

こんな話をした。彼らも本物のサンフレッチェファンだと認めてくれたのか、毎日サン

フレの話をしては盛り上がった。また、昼休みはいつも一緒にサッカーをした。そんな彼らがスポーツ少年団でサンフレッチェ広島の試合を観戦に行った。その時、3人でお金を出し合って「寿人タオル」を買って来てくれたのだ。

散々教師に歯向かい続けて来た「やんちゃ君」たちである。「先生にお土産を買って来た」と言った時には、保護者も非常に驚かれたらしい。

私ももちろん、驚いた。そして、感動した。涙が出そうなぐらい嬉しかった。さて、その後である。私は講座で遠征に出かけた。そして、いつものようにクラスの子どもたちにお土産を買った。お土産と言っても、小さなおまんじゅう1つ程度。あんまり派手にすると、他のクラスの手前、渡しにくくなるからだ。それでも、子どもたちは大喜びする。そして、「中村先生のクラスで良かった！」と思ってくれる。

安いお土産で喜んでくれるのだから、非常に有効な投資である。

その時は、3人に特別なお土産を買った。「寿人タオル」のお礼である。

しかし、ただ渡すのでは芸がない。「さようなら」の前に次のように言った。

「MとNとOは、座る。話があるから、残っとけ！では、他のみなさん、さようなら。3人に話があるので、他のみんなは教室からすぐ出るように」

厳しい表情で言った。みんなが教室から出た後で、窓を全部閉めた。怒りを表現して、「バンッ」と強く締めるイメージだ。そして、私の席に座って、

「M、N、O、こっちへ来い！」

と呼びつけた。3人は小声で「俺ら、何かしたっけ？」と言い合っている。

3人が来たところで、私は笑顔に戻った。そして、小声で、

「この前は『寿人タオル』、ありがとな。これ、そのお礼。みんなには内緒だよ」

と言って、お土産を手渡した。3人はホッとした表情をして、笑顔になった。

「みんなにバレるといけないから、叱られた表情で教室から出るんだよ。では、今から叫ぶから、『すみませんでした』って大きな声で言ってね。…もう、絶対にするなよ！」

「はい。すみませんでした！」

3人は笑いをこらえながらそう言って教室を出た。これで、3人との物語をゲットである。

「策略」を巡らせて、子どもたち一人ひとりとつながろう。「やんちゃ君」たちとは特にである。

子どもさえ見えれば、後は褒めるだけ

最近、若手の授業を見る機会が増えている。

山口県でも大量採用の時代に入り、初任者が増えてきたからである。単純に私が年とったせいで、「若手」と思える教師が増えてきたせいもあるだろう。

若手の授業を見ていて気になるのが、「子どもが見えていないな」ということである。

たとえば、「教科書○ページを開いて」と指示した後。開いていない子がいても、平気で授業を進めてしまう。

ベテランなら、「後3人開いていない」「○○くん、○○さん、教科書を開きなさい」「○ページを開いたら、立ちなさい」こんな言葉かけをするだろう。

しかし、若手はこういう小さな見逃しを数限りなく行ってしまっている。授業を進めることに一生懸命で子どもが見えていない。

まずは、もっと子どもを見ようとすることが必要だ。そして、「子どもを見る目」を鍛えていくことが大切である。

たとえば、ノート指導である。素速くノート作業させるためには、「取りかかり」を見ればよい。素速く書ける子は、ノート作業のスタートが早い。逆に遅い子は、いつまでも書き始めない。だから遅くなるのは当然のことなのだ。

ある若手が私のクラスで授業をしてくれていた時のこと。私はT2という立場で授業に参加していた。

見ていると、授業の最初、日付と学習するページを書くだけでもダラダラと時間がかかっていた。若手が授業をすると、私のクラスの子でもどうしても気を抜いてしまう。

しかし、その日はいつもはなかなか書き始めないPくんが素速く取りかかっていた。それなのに若手は気づきもしない。

T2の私は「介入はしたくないな」という思いを抑えて、Pくんを褒めた。

「Ｐくん、もう書き始めた。速い！」

Ｐくんは、得意げである。また、Ｐくんが褒められたので、他の子もすぐに取りかかり始めた。

「Ｐくんを褒める」という「策略」で他の子をやる気にしたのである。このように、

細かく褒めること

が必要だ。

ある子を褒めれば、他の子も褒められたくて真似する。くり返し書くが、

リスク０、コストも０の「褒める」という武器はどんどん使うに限る

のだ。それなのに、若手の授業には、本当にほめ言葉が少ない。少なすぎる。それは、子どもが見えてないのが一番の理由だと思う。

たとえば、班学習である。班学習で見るポイントは、ずばり「頭」。しっかり話し合え

ている班はお互いの頭の距離が近い。逆に話し合いに参加しない子が出てくると、頭の距離が遠くなる。

私は班学習をさせている間に、ノートチェックなどの雑務を済ませてしまうことが多い。そんな時は、ちらちらと各班の頭のくっつき具合を見ている。そして、頭が離れ始めた班があれば、まずは「○班はよく頭を近づけて話し合っているね」と声をかける。子どもたちは褒められたくて、真似するものだ。他の班も頭を近づける。それでもダメなら、その班に近づいて行って声かけをして再度集中させる。

こんなポイントをたくさん覚えておくと、便利である。「策略」が練りやすくなるし、「策略」が実行しやすくなる。

他にも、子どもの様子をウォッチングする習慣をつけておくと、いろいろなことが分かってくる。

たとえば、机の引き出しの汚い子。その子をウォッチングしてみるといい。引き出しの汚い子は、引き出しを開けない。少しだけ開けて、ツッコむようにして教科書やノートを入れる。だから、私はまずは引き出しをきちんと開けて物を出し入れすることから教える。

私は若い頃、師匠である上條晴夫氏の『実践・子どもウォッチング』（民衆社）という本で「子どもウォッチング」の手法を学んだ。「子どもウォッチング」は、「子どもを見る目」を鍛えるのに最適である。

ちなみに、「やんちゃ君」に対応するためにも、「子どもウォッチング」は役に立つ。

たとえば、反抗的なQくんという男の子を6年生で担任した時である。

Qくんは、5年生までは、授業に一切参加しない子だった。しかし、ウマが合ったのか、私の授業には参加した。それでも、必ず「なんでこんなことせんといけんのかぁやぁ」とマイナスなことを言う。

しかし、ウォッチングしてみて分かったことがある。Qくんが「なんでこんなことせんといけんのかぁやぁ」と言う時は、必ず取りかかる時だったのだ。

「なんでこんなことせんといけんのかぁやぁ」は、Qくんにとって、何かに取り組む前、自分に言い聞かせる言葉だったのかも知れない。

Qくんは、私以外の音楽や家庭科の専科の先生に反抗的だった。特に女性教師が苦手だったようだ。

音楽の授業にサポートに入った時のことである。私がサポートに入ったせいか、Qくんが珍しく音楽のノート作業をしようとし始めた。そして、いつものように「なんでこんなことせんといけんのかぁやぁ」と言った。すると、音楽専科の先生が「Qくん、なんでそんなマイナスのことを言うの！」と厳しく叱ったのだ。

せっかくノート作業をする気になっていたはずのQくんは、ノートを床に投げ付けた。そして、女の先生に何か言いそうになった。私はすぐにQくんを廊下に連れ出してなだめた。せっかくやる気になりかけていたQくんである。そこに厳しい指導が入れば反発したくなるのも無理はない。気持ちは分かる。

「子どもウォッチング」の習慣が身に付いていないと、こういうボタンの掛け違いが起こりがちである。

「やんちゃ君」と対峙しないためにも、「子どもを見る目」を鍛える必要がある。

若い内に「子どもウォッチング」の習慣を身に付けることをオススメする。

「やんちゃ君」の2、3人は放っておけ

「まえがき」で教師を一国を預かる内閣総理大臣に喩えた。

こういう喩え自体、嫌がる教師も多いだろう。しかし、私は学級を「国」であると思うし、教師はその国の「リーダー」なのだと強く思う。また、

「自分はリーダーだ」という自覚のない者には、教師の資格がない

とさえ思う。「教師の資格」は言い過ぎか。「学級担任の資格」がないと言えばいいだろうか。

かつては、「学級王国」という言葉があった。しかし、これは、今では死語だ。

大変な現場で一人で学級を抱えるのは重たすぎる。小学校も中学校のようにチームで動くという発想が必要だ。

中学校から学ぶことは多いと思う。私もできるだけ一人で抱え込まないようにしている。しかし、その一方でやはり、自分のクラスの最終責任は自分にあるという強い自負はある。学級のリーダーは、私なのだ。そこは、プロ意識を持ってやっている。

では、教室のリーダーである私が目指しているものは何か？

最大多数の最大幸福

である。クラスの子どもたち全員が幸せになるのが理想なのは間違いない。しかし、厳しい現場では、そんなに上手くはいかない。

目指すべきは、できるだけ多くの子を幸せにすること

である。

たとえば、あるベテラン女性教師の話。その女性教師のクラスに困ったRくんという男の子がいた。かなりの問題を抱えた子だ。担任一人で抱え込むには、到底無理な子である。学校としても、サポート体制を組んだ。その学級に補助として、1人、人員を配置したのだ。すると、その女性教師は、Rくんに付きっきりになった。そして、サポートに入った教師が他の子どもたちを相手にするのだ。

これはおかしいと私は思う。学級担任が見るべきは、Rくん以外の大勢のはずである。Rくんは、サポートの教師に任せておけばよい。

若手のよくある失敗も同様である。クラスに2、3人の「やんちゃ君」がいたとする。若手教師はどうしても、その子たちばかりに目が行ってしまう。そして、その2、3人を何とかしようとする「策略」ばかりを頭に巡らせ、実行する。

気づいた時には、それ以外の子に背を向けられている。この失敗は、本当に多い。

学級担任が見るべきは、「やんちゃ君」2、3人ではない。その他大勢のはずである。

よく「組織論2・6・2の法則」と言われるが、これは学級にも見事に当てはまる。

「2」は、いわゆる「良い子」。教師に背を向けることはない。

もう1つの「2」が、「やんちゃ君」。もともと教師に協力的ではない。

そして、「6」がその他大勢である。

「6」が「良い子」側につけば、学級は安定する。「6」が「やんちゃ君」側につけば、学級は壊れる。だから、

教師は「6」の大勢にこそ、目を向けるべきである。

そして、「6」を味方にする「策略」こそを巡らせるべきなのだ。


教室という一国を預かるリーダーである教師は「最大多数の最大幸福」こそを目指すべきである。

それが国を崩壊させない、学級を崩壊させないために大切なことである。

第3章

クラスをきっちりまわす仕事術

同じ成果をあげられるなら，楽した方がエライ！
仕事をうまくまわしていく術を伝授したい…

4月はミニゲームを集中投下。実はルールを教え込む

第3章では、学級を成り立たせるための「策略」を紹介していく。

「学級を成り立たせるなんて、当たり前のこと」なんて思ってはいけない。今の現場は非常に厳しい。我々ベテランでも学級を成り立たせるのに苦労する。「良いクラスをつくりたい」なんて欲求は、とうの昔に捨ててしまった。普通の学級を成り立たせれば十分だ。

1年間学級を壊さないようにするのが、私の一番の仕事であり、願いである。

学級を壊さず、成り立たせるためには様々な「策略」が必要になる。何もしないで学級が成り立っていた時代は終わってしまったのだ。

まずは、ゲームについてである。私は1000以上のゲームを知っている。ゲームが専門だと言えるほどだ。『クラスを「つなげる」ミニゲーム集BEST55＋α』（黎明書房

など、ゲームに関する著作も多い。

では、なぜゲームが専門になったのか？子どもたちの笑顔が見たいからである。それは否定しない。私はサービス精神が旺盛なのだ。だから、教師という仕事を選んだと断言できる。

私は、ちょっとした隙間時間があれば、ゲームをして楽しませている。その時の子どもたちの笑顔は最高だ。それを見て、私も嬉しくなる。

しかし、「策略」に必要だからゲームが得意になったという面もある。

学級づくりにおいて、ゲームは有効な「武器」になる

からだ。

まず、ゲームをすれば、子どもたち同士を「つなげる」ことができる。

今どきの子どもたちは、同じクラスになっただけでは仲間だとは思っていない。ただ、群れているだけだ。

この群れをどうやって、集団、仲間に変えていくか？そこには教師の意図的な「策略」

が必要である。「策略」の1つがゲームを多発することだ。

子どもたちは、一緒にゲームをする中で、仲良くなっていく。これは間違いない。ゲームは、子どもたち同士を「つなげる」有効なアイテムの1つなのだ。

また、今どきの子どもたちは、教室の前に立っただけでは、教師を担任、先生だとは認めない。

それでも、ゲームを多発すれば、「この先生、面白いな」と子どもと教師の距離が近くなる。そして、「この先生、いろんなことを知っているな」と尊敬の念が強くなる。ゲームは、子どもと教師を「つなげる」有効なアイテムの1つでもある。

「つなげる」は、これからの教育の最も大切なキーワードだ。

私は「策略」として4月にゲームを集中投下している。子ども同士を、子どもと教師を「つなげる」ことを目的に、

長くても5分以内にできるようなミニゲームが多い。

しかし、最近の私は、もう1つの目的を大切にするようになっている。

子ども同士を、そして教師と子どもを「つなげる」ことが「表」の目的だとしたら、「裏」の目的だ。それは、学級崩壊予防である。

学級崩壊しているクラスでは、ゲームが成り立たない

からだ。そりゃそうだ。学級崩壊しているクラスの子どもたちは、教師の指示を聞かない。ルールも守らない。だから、学級崩壊なのである。

逆に言えば、ゲームが成り立つクラスは学級崩壊していない。教師の指示を聞く、ルールを守ることができるクラスだからだ。

そこで、私は4月にミニゲームを集中投下する。

ゲームを通して、教師の指示を聞くこと、ルールを守ることを教えるのだ。

子どもたち同士を、そして子どもと教師を「つなげる」ためにも、学級崩壊させないためにも、4月は「策略」としてミニゲームを集中投下しよう。

朝イチから、笑顔で子どもを籠絡せよ

私は、朝が非常に苦手である。だから、朝の職員室では不機嫌に過ごしてしまう。それでも、職員室を1歩出れば、上機嫌に振る舞う。心の中で「よし！」とスイッチを入れるのだ。

普通の人間、中村健一から、プロ教師としての中村健一に切り替わる瞬間だ。

私は素の自分と、教師としての自分をはっきりと使い分けている。

現在の勤務校では、子どもたちは7時45分まで教室に入ってはいけない。そこで、昇降口の所に何人か早く来た子が集まって、その時間を待っている。

私が教室に行く時、昇降口を通る。その時、子どもたちから先にあいさつをしてくれれば、「おっ！自分からあいさつできるね。すごいなあ。おはよう！」と褒める。あいさつがなければ、私の方から「おはよう！」と元気に言う。そして、あいさつが返ってくれれば、「大きな声であいさつできたね。さすが！」と褒める。

散髪してきた子がいれば「髪切った？」と声をかけるし、包帯を巻いた子がいれば「ケガした？」と声をかける。それをきっかけに雑談もする。もちろん、ものすごい笑顔でだ。

職員室での私を見ている職員は、二重人格者だと思うだろう。いや、その通り。私は素の自分とプロ教師としての自分の2つの人格を宿している。まさに二重人格者なのだ。

7時30分ごろには教室に入る。そして、簡単な準備をする。もちろん、子どもたちはまだいない。

必ず私が一番に教室に入っておくのだ。そして、教室に入ってくる子どもたちを笑顔で迎える。これを年間200日間、毎日続けている。

私のクラスには合言葉が多い。私が「あいさつは？」と聞けば、子どもたちは声を揃えて「自分から大きな声で」と答える。フリはこのように明確にするべきだ。

こうやってフッているい以上は、きちんとフォロー（評価）する。自分から挨拶した子には「自分からできたね。エライ！」と褒める。大きな声の子には「大きい！気持ちのよいあいさつだね」と褒める。特に元気のよいあいさつができた子には「おお！すっごく気持ちのいいあいさつ。本日最高！」などと褒める。

できない子はスルーする。後で指導を入れることもあるが、朝からは叱らない。

意識的にニコニコして迎える。教師の笑顔は教室に安心感を与えると強く思うからだ。

プロなら、朝がどんなに苦手でも、上機嫌を演じられないといけない。

もちろん、どんなに体調や気分が悪い時でもだ。それが、プロというものだ。

漢字ノートは朝イチ提出！で後が楽々段取れる

4月5月ぐらいは、朝、黒板に次のように書いておくことにしている。

①漢字ノート、集金出す。
②計ドノート、自主勉ノート出す。
③ランドセルしまうま。
④計スキ（5）やる。自分で赤で丸付け直しも。→開いて出す。
※丁寧に。もちろん、やり直しアリです。
⑤黙って読書。

子どもたちは、黒板を見ながら動く（ちなみに、「しまうま」はダジャレである。恥ずかしくなったので、一応説明しておく。こういうちょっとしたことが子どもとのコミュニケーションにつながるのよ）。

朝はなかなかエンジンのかからない子も多い。動き出そうとしない子がいれば、「黒板を見て動くんだよ」と声をかける。動きを途中でやめてしまった子には、「○○くん、何番までできた？えっ!?もう②番、すごいじゃん。じゃあ、次は③番をやろうね」と声をかける。すると、子どもたちは動き出す。

もちろん、子どもたちが育ってくれれば、黒板に書くのをやめる。いや、子ども次第か。困難校では、1年間書き続けることも多い。

私が必ず子どもたちに徹底させているのは、

来たらすぐに漢字ノートを出させること

である。なぜなら、私がすぐに丸付けをしたいから。

漢字ノートに間違いがないかチェックしながら、丸付けをする。そして、職員朝会が始まるまでに漢字ノートの丸付けは終わらせてしまう。

私の机の周りに集まる子どもたちと、雑談しながらで十分である。私の気づかない漢字間違いに子どもたちが気づいてくれることもある。

職員朝会までに漢字ノートを見終わっておけば、後が楽だ。

仕事には段取りが非常に大事である。私は仕事をスムーズに終わらせてしまうためのこういう段取りをいくつかしている。たとえば、他にも、

テストは必ず1時間目にする

ことにしている。そして、子どもたちにもそのことを公言しておく。また、テストは1日1枚以上は絶対にしないことも約束しておく。

1時間目にテストを終わらせておけば、その後、どこかの時間で作業的な学習を入れると、そこで丸付けができる。だから、私はテストをその日のうちに必ず返してしまう。

私がテストの採点をする姿を見た同僚はいないと思う。教室で授業時間に済ませてしまうからだ。

子どもたちも最初は「もうつけたの？速〜い！」と言ってくれるが、途中からはそれが当たり前になってしまう。

私は、昼休みは必ず子どもたちと遊んでいる。今なんか、中間休み（20分休み）も子どもたちと持久走大会の練習で走っている。また、勤務時間終了の定時に帰ってしまうことが多い。1時間も残業することは、まずない。

それでも、それなりの仕事はしている。たとえば、学級通信も毎日発行、年間200号以上は出している。

私の経験上、段取りよく仕事をして定時に帰ってしまう教師のクラスが崩壊したのを見たことがない。

学級をうまく運営していくためには、段取り能力が必要なのだ。

朝イチからの「策略」を練って、段取りよくスタートしよう。そうすれば、時間を無駄なく有効に使うことができる。

保護者が一番、子どもが二番！
他はテキトーでよい

学級づくりと言いながら、仕事術の話になってしまっている。しかし、学級づくりをうまく行うために、仕事術は欠かせない。

学級をうまく運営していくには、段取り能力が必要である。また、雑務に追われるようでは、子どもたちと接する時間が少なくなる。子どもたちを見る時間がなくなる。

リーダーである教師には、余裕が必要なのだ。
仕事術を駆使して、余裕のあるリーダーを演じようではないか。

余裕があれば、子どもたちも話しかけやすい。また、ドッシリと構えていれば、頼りがいがあるように見える。子どもたちは余裕のあるリーダーが好きである。そして、余裕のあるリーダーを信頼する。

私は定時（勤務時間終了の16時40分）に仕事を終えて帰ることを原則にしている。もちろん、同学年の会議で遅くなってしまうこともある。子どものトラブルや保護者対応で遅くなってしまうこともある。そんな場合は、嫌がらずに遅くまで仕事をする。

面倒くさがって、嫌々仕事をすると、同学年との関係が悪くなる。

面倒くさがって、嫌々仕事をすると、子どものトラブルへの対応や保護者対応がまずくなり、後々もっと面倒くさいことになってしまう。

だから、嫌がらずに誠実に仕事をする。しかし、原則は、定時である。

夜遅くまで残って仕事をする同僚がいる。彼ら彼女らの熱心さを責めるつもりはない。仕事の仕方は人それぞれだ。しかし、

仕事の長さと仕事の成果は比例しない。

夜遅くまで仕事をする人は、そういう時間の使い方をする。私のように早く帰る人は、

そういう時間の使い方をする。

いずれにせよ、働ける時間は限られているのだ。どんなに夜遅くまで仕事をする人でも、働ける時間は無限ではない。

私が一番心がけているのは、スタートダッシュだ。

120ページでも書いたが、私の朝は、早い。そして、私のクラスのスタートも早い。毎日ロケットスタートをして、できるだけ早めに仕事を片づけてしまう。そして、後の時間は余裕を持って、子どもたちと雑談したり、遊んだりしている。

また、心がけているのは、優先順位だ。特に私のように早く帰る人は、優先順位をつけなければ、時間内に仕事は終われない。

優先順位の一番は、保護者である。子どもでは?と思う人がいるかも知れない。

しかし、ここは誤ってはダメだ。我々教師の多くが一番心を痛めているのが保護者対応だ。逆に言えば、保護者対応さえうまくできれば、そんなに心を痛めずに済む。そこで、

私は保護者を一番に考えている。一番のお客さんは、保護者なのだ。

二番は、もちろん、子ども。我々教師の仕事は子どもを鍛え育てることである。子どものことに手を抜いてはいけない。

一番目に保護者を持ってきたのも、実は子どものためである。子どもを鍛え育てるため、つまりは子どもを教育するためには、保護者の協力が欠かせないからだ。

子どものために保護者を一番に考えたと言い換えてもよい。

保護者、子どもに関係すること以外は適当でいいと思っている。

たとえば、学校に依頼される数々のアンケート調査である。目的も分からなければ、結果の集計も成果も伝えては来ない。そんなアンケートに誠実に答えるのが馬鹿馬鹿しい。適当に答えて送り返せばいいのである。

たとえば、指導要録である。どれも、その子の良いところしか書いていない。読んでみれば、どの子も素晴らしい良い子である。

お陰で誰も指導要録を読まなくなった。指導要録なんて、「読者0（ゼロ）」の読み物だ。そんなものを誠実に書く必要はない。今は電子化されたので、通知票の所見をコピーして貼り付ける。文末を言い切りの形になおせば、それで完成である。

評定を気にする人もいるが、私は全く気にしない。誰が「3」の数や「A」の数を数えたりするものか。

手書きの時には、わざわざ鉛筆で線を引いて丁寧に書いている人もいた。よくも「読者0（ゼロ）」の読み物に、それだけの手間をかけるものだと思う。そんなに他の職員に誠実さをアピールしたいのか。そのアピール力は、保護者や子どもに向けた方がずっといい。

手書きの時は、「指導要録は絵でいい」と本気で思っていた。それでも、誰も気づかないのではないか。

「指導要録は絵でいい」とさえ書いた。しかし、通知票は誠実に書かなければならない。優先順位の一番の保護者、二番の子どもにダイレクトに伝わるものだからだ。

保護者、子どもに関係するものに手を抜くと大変だ。そのしっぺ返しはすぐにやって来るに違いない。

限られた時間の中で全てのことに全力で取り組むのは無理だ。

「策略」を巡らせ、優先順位をつけて仕事をする必要がある。

同じ成果を上げられるなら、楽した方がエライ！

ここまで書いて、コストパフォーマンスについて言いたくなって来た。

たとえば、私の講座の「Q&A」で、次のような質問がよく出る。

「中村先生は、多くのネタを開発されていますが、どうやったらネタを開発できるようになりますか？」

私をイライラさせる質問だ。私はネタを開発していないからだ。誤解を恐れずに言えば、パクっていると言っていい。これは語弊がありすぎか。丁寧に「拝借してる」かな。

そもそも私はオリジナリティにこだわらない。
子どもたちにとって、誰が開発したネタなのかなんて関係ないからだ。

私の講座に参加された方がたまに、教室で私が紹介したネタをやってくださることがある。そんな時、「この前講座に参加して、中村先生っていう先生に教えてもらったんだよ」と丁寧に子どもに伝える若手がいる。しかし、私はそんな必要は全くないと思っている。休みの日に、わざわざお金を払って講座に参加したのだ。教えてもらったネタは自分のネタ。堂々と自分のオリジナルネタとして子どもたちと楽しめばよい。

子どもたちには、誰が開発したかなんて関係ないのだ。楽しければそれでよい。

そして、楽しんだのなら、そのネタを行った担任の手柄にしてしまえば良いではないか。子どもたちは「この先生、面白い！」と思ってくれるだろう。「この先生で良かった！」と思ってくれるだろう。それで、十分である。

「どうやったらネタを開発できるようになりますか？」

この質問に私の答えは決まっている。「無理して開発する必要はありません」である。

「開発」にはコストがかかる。多くの時間を費やさなければ、「開発」なんてできない。

それに比べて、「追試」は楽である。本を買ったり、講座に参加したりと多少のお金はかかるが、間違いなく高品質のネタが手に出来る。

「開発」はコストがかかる上に、ネタの品質の保証もない。

学校現場というところはおかしなところで、コストがかかればかかるだけ良いという発想があるように思う。

たとえば、ある授業をする時である。同じ成果が上がる授業なら、準備により多くの時間をかけた授業の方が価値があると思われている気がする。

普通に考えたら、

できるだけ手軽に楽に準備して、できるだけ大きな成果を上げるのがベスト

のはずなのにである。

優れた授業がたくさん行われてきた。それをまとめた本もたくさん出版されている。

若手はそれらの本に載っている授業をどんどん追試すればいい。子どもたちにとって追試かどうかなんて全く関係ないのだ。

手軽に楽に追試して、子どもたちに力がつけばよい。そして、コツが分かってきてから、開発をすればよい。その時には、多大なコストをかけなくても、素晴らしい授業が開発できるようになっているはずである。

オリジナリティは後からでよいのだ。まずは真似から始めよう。とにかくたくさんの優れた授業を真似することが大切である。

ただ、若手が「学び合い」やワークショップ的な授業だけを追試し続けるのは止めた方がいい気がする。普通の一斉授業も多く追試するべきだ。

私の知る限り、「学び合い」やワークショップ的な授業に必要なファシリテーションの能力の高い教師は、一斉授業も上手である。

まずは、普通の授業をたくさん追試して、一斉授業の力を伸ばしてはどうだろう?今のところ、年間1000時間を超える授業の全てを「学び合い」やワークショップで行うのは不可能だと考えている。多くの授業は普通の一斉授業なのだ。

また、「学び合い」の手法しか知らない、「学び合い」の授業技術しか持たない若手の10年後、20年後が心配である。

若いうちはこだわりなく、広く浅く学ぶのがいい。いろんな授業を手軽に楽に追試して子どもたちと自分に力をつけよう。

授業開始1分前に教室の空気を支配せよ

授業の開始1分前に教室の前に立つ

ここ数年、私がこだわってやり続けていることがある。それは、

というとだ。

簡単に言っているが、これを年間1000時間行われる授業で続けることは、非常に難しい。

それでも私はやり続けている。

それは、なぜか? 端的に言えば、学級崩壊が怖いからである。

学級崩壊は、授業不成立状況だ。学校生活の大部分は、授業時間である。授業が成り立たないのが学級崩壊なのだ。

逆に言えば、授業が成り立っていれば、学級崩壊していないということである。

だから、私は授業にこだわる。というか、授業を成立させることにこだわる。

授業を成立させるための一番のポイントは、最初だ。

授業の最初、教師が主導権を持って、教室を学習するムードにする。

子どもたちは、ムード（雰囲気）に従うものだからだ。

それこそ一部のやんちゃ君たちに主導権を握られてしまうと、授業は成り立たなくなってしまう。

このことに気づいたのは、ある学校で運動会の全校練習を担当した時からだ。

その学校は、相当に荒れた学校だった。学級崩壊していたクラスも多い。しかも、１０００人を超える児童数の学校だ。それなのに、私が運動会の全校練習を担当すると、１０００人の子どもたちがピシッとした。

最初は「私の指導がいいのだろう」なんて、うぬぼれていた。しかし、私はそんなに授業が上手な訳ではない。改めて自分が全校練習でやっていることをふり返ってみた。そして、最初が肝心だという結論に達したのである。

私がやっていることは、非常にシンプルだ。全校練習が行われる時は、私が一番に運動場に出ていた。どの子よりも、どの職員よりも早く出ていたのである。そして、静かに体育座りをしている子を褒め、おしゃべりして走り回っている子を叱った。

先に出ている子どもたちがピシッと体育座りをしていると、後から出て来た子どもたちもそのムードに従うしかない。黙って体育座りをせざるを得ないのだ。

私はこの経験を通して、授業も最初が肝心だと思うようになった。

年間1000時間の授業で、授業の開始1分前に教室の前に立ち続けるのは、非常に困難である。私だって、正直、キツイと思う。

しかし、学級崩壊すると、もっと大変なことになる。私はそれが怖いのだ。

だからキツくても、授業の開始1分前に教室の前に立ち続けている。

教師は授業の最初、教室の空気を支配する主導権争いに絶対に負けてはならないのだ。

授業終了時刻を守るだけで、子どもの信頼は得られる

私は授業の開始1分前に教室の前に立っている。だから、授業の始まりはスムーズだ。授業開始のチャイムと同時に日直が号令をかける。チャイムが鳴り終わるまでには授業スタートである。これが私のクラスの決まり事だ。また、

授業の開始時刻を守ると共に、私は授業の終了時刻も必ず守っている。

信じられない方は、私のクラスに来て、子どもたちに聞いてみるといい。「中村先生は、授業を延ばすことがある?」と。

子どもたちは間違いなく「絶対にない」と答えるはずだ。

どんなに授業が盛り上がっていても、チャイムが鳴れば、私は「はい、終わり」と授業終了を宣言してしまう。

私は時間にうるさい。子どもたちにも時間を守るように言っている。時間を守らない子には、「人生の時間は限られている。それなのに、みんなの時間を奪うのか。みんなの人生、命を奪っているのと同じだ」と厳しく言う時すらある。

それなのに、私が授業の終了時刻を守らなかったら、子どもたちはどう思うか？

「先生は言うこととやることが違う」と不信に思うだろう。そして、それが反発・反抗につながる可能性もある。

子どもたちは、ブレるリーダーを信用しない。

たとえば、「昨日言ったことと今日言ってることが違う」「同じことをしても、あの子とこの子では対応が違う」など。子どもたちは、こういうブレるリーダーに不信を抱く。「言っていることとやっていることが違う」教師なんて、最悪だ。子どもたちは反発し、反抗し始めるに違いない。

教室のリーダーである教師は、絶対にブレてはダメ

なのだ。だから、私は、必ず時間を守る。教師が率先して時間を守る態度を示しているのである。

どんなに盛り上がっていても、決して授業延長しない。すると、子どもたちは思うはずだ。「先生は、何よりも時間を守ることを優先している」と。そして、「先生は言っていることとやっていることが同じだ」と。

こう思ってくれれば、子どもたちの信頼を勝ち取ることができる。

また、何よりも子どもたちは授業を延ばす先生が大嫌いである。授業時間を延ばすと、イライラする。そして、教師に背を向け始めるのだ。

どうせ、授業時間を延ばして授業しても、子どもたちは聞いていない。時間を延ばしてまで授業を続けるメリットは「０（ゼロ）」である。

授業終了のチャイムが鳴れば、すぐに「終わり」を宣言しよう。子どもたちの信頼を勝ち取るために大切なことである。

チェックさえすれば、子どもはサボれぬと思い込む

「子どもたちはサボりの天才である」とは、親友・土作彰氏の言葉である。

これ、その通り。放っておくと、子どもたちは楽な方に楽な方に逃げてしまう。

たとえば、ノート作業である。放っておくと、子どもたちは、真面目にノート作業をしなくなる。黒板に書かれたことをノートに写さなかったり、自分の考えを書かなかったり、雑に書いたりするようになってしまうのだ。

そんなことを放っておいては、そのうち授業が成り立たなくなってしまう。

だから、私は毎時間、ノートを必ず集める。

年間1000時間を超える授業で、毎回、開始1分前に教室の前に立つことは、非常に難しい。しかし、毎時間ノートを集めることは、そんなに難しいことではない。ノートを

集めて、見て、スタンプを押すだけだからだ。

時間にして、2分程度。私の机の周りに集まった子どもたちと雑談しながらでもできる。

いや、逆に周りに子どもたちがいてくれた方がノートの不備を見つけてくれて助かる。

ただし、板書を写していないところがあるノート、やることをやっていないノート、雑に書いているノートを絶対に見逃してはならない。


不十分なノートは、必ず、やり直しを命じることが大切だ。


やり直しを命じないと、サボりの天才である子どもたちはすぐに思う。「これで許されるんだ」と。そして、サボることを学習してしまう。

不十分なノートにはやり直しを命じて、

「この先生はいい加減なことは絶対に許してくれない」と子どもたちに強く思わせることが必要なのだ。

私のクラスでは、「真面目にノート作業をしないと、先生に必ずやり直しをさせられる」と子どもたちが思っている。だから、一生懸命サボらずノート作業をする。

わずか2分程度のコストで、子どもたちが確実にノート作業をするようになるのなら、安い物だ。絶対に「買い」である。

ノートは毎時間必ず集めて、教師がチェックすることをオススメする。

この話、ノート作業に限らない。子どもたちがサボっている状態を絶対にスルーしてはダメだ。スルーすると、子どもたちは「これで許されるんだ」と思う。そして、サボることを学習してしまう。いや、

子どもがサボっている状態をスルーするということは、教師が「サボっていいんだ」ということを教えている

とさえ言えるだろう。

子どもがサボっていたら、必ず叱る。そして、やり直しを命じることが大切である。

崩壊学級の特徴は自らの手でつぶせ

学級を成り立たせるために、私が最近こだわっていることがある。それは、

崩壊学級の特徴を出させない

ということだ。学級崩壊の多い荒れた学校に勤務することがあった。その時、何度もサポートに入った。「何度も」は嘘かな。「毎日」入っていたと言った方がいい。

いろいろな崩壊学級にサポートに入って、気づいたことがある。それは、崩壊学級には共通の特徴があるということだ。

逆に言えば、

崩壊学級の特徴さえ出さなければ、学級崩壊をある程度防げる

ということだと思う。だから、私は崩壊学級の特徴を出させないようにがんばっている。

学級崩壊の「予防」に努めていると言っていい。

たとえば、崩壊学級は例外なく汚い。ゴミが散乱し、まるでゴミの中で生活しているようだ。鉛筆やノートなど落とし物も多い。絵の具セットや体操服も落ちている。なぜか床に教科書やノートを置いている子もいる。

だから、私は教室をキレイに保つ。子どもに掃除するように言うし、整理整頓にもうるさい。

しかし、荒れた学校では、子どもたちだけでキレイにするには限界がある。荒れた学校の子は、紙をちぎるのが好きだ。消しゴムをちぎるのも好きだ。床に物を置くのも好きだ。どうしても教室は汚くなる。

だから、私が掃除する。毎日放課後、10分程度だが、私が教室の掃除をしてから帰ることにしているのだ。物が落ちていれば、引き出しに入れるなり、机の横にかけるなり、ロ

ッカーに入れるなりしている。

正直言えば、「面倒くさいな」と思うこともある。それでも、教室をキレイな空間に保つのは教師の仕事だと自分に言い聞かせている。そして、教室がキレイな学級は崩壊しないと信じて「予防」に努めている。

ダラダラ動くのも崩壊学級の共通の特徴だ。教室の後ろに並ぶだけでも、5分かかる。給食の準備なんて、30分かかることもざらである。

だから、私は子どもたちがダラダラ動かないように、スピード感を大切にしている。何をするにもキッチンタイマーで時間を設定し、その中で動けるようにする。たとえば、教室の後ろに並ぶ時間は10秒以内、給食準備は10分以内が目標である。

目標を設定すれば、ゲームになる。クリアすれば、みんなで拍手をする。クリアできなければ、叱ってやり直し。1年間続けても、子どもたちは飽きずにがんばるものだ。

もちろん、最初から素速く動ける訳ではない。たとえば、立つスピードである。「全員、起立」の言葉に、最初からサッと立てるクラスはない。そこで、「遅い！残念、座る。○年生は1秒で立てないといけない。次は1秒で立つんだよ。全員、起立！」と言う。次は間違いなく、全員が1秒で立てる。「さすが！今のは1秒かからなかった。0．76秒だ」

と褒めれば、子どもたちはドンドンやる気になる。

これも62ページで紹介した次のような「線」（流れ）である。

厳しく叱る　↓　子どもたちが成長する　↓　褒める

子どもたちを素速く動かすための「線」をもう少し詳しく説明すると、

子どもたちがゆっくり動く　↓　叱る。ダメだし　↓　目標タイムの設定　↓　やり直し　↓　子どもたちが素速く動く。目標タイムクリア　↓　褒める

である。「線」（流れ）を意識できるようになると、教育は本当に楽しい。

このような「線」を楽しみながら子どもたちを鍛え、素速く動けるようにしてしまおう。素速く動けるクラスは、学級崩壊しないはずだ。

崩壊学級の特徴さえ出さなければ、学級崩壊しない。そう信じて「予防」に努めることが大切である。一度壊れてしまえば、為す術はないのだから。

「予防」あるところに崩壊なし

「予防」の話を続ける。

何よりも「予防」こそが大切だ

ということを知って欲しいからだ。

たとえば、前ページまで述べた学級崩壊である。いったん学級崩壊してしまえば、為す術はない。他の教師が補助に入ろうが、担任の権威を失墜させるだけだ。崩壊学級の担任にできるのは、ただただ凌《しの》ぐことだけである。だから、「予防」が大切なのだ。

「いじめ」も同じである。いったん「いじめ」が起こってしまえば、収束するのは大変

だ。根本的に解決することは、まず不可能だと言っていい。だから、

「いじめ」が起こらないように「予防」することが非常に大切なのだ。

そのためには、まずは教師が「絶対に『いじめ』を許さない」という強い姿勢を示しておくことが必要である。

たとえば、ある男子が隣の女子と机をくっつけず、間をちょっと開けていたとする。その行為に「いじめ」の芽が感じられたら、教師はそれを見逃してはならない。

「『いじめ』は、隣の席の子と机をくっつけない、ちょっと離すなんて小さなことから始まるんです。机を離すなんて卑怯なこと、許せますか？　許せないですよね」

まずはクラスの他のメンバーに同意を求め、多数派に立つ。その上で机を離している子を孤立させ、厳しく叱る。

「それなのに、机を離している子がいる。○○（子どもの名前）立て！先生はそういう『いじめ』につながる卑怯な行為は絶対に許せない！みんなもそうだよね。こういう卑怯な行為は絶対に許してはダメだ！」

全身全霊を込めて厳しく叱り、その子を追い込む。（もちろん、厳しく叱るには様々な配慮が必要である。たとえば、発達障害をもつ子、高学年女子はみんなの前で叱らないなど。前掲書『教室に笑顔があふれる中村健一の安心感のある学級づくり』（黎明書房）の第Ⅲ章「『厳しく叱る』で教室を安心感のある場所に」を参考にして欲しい）

学級崩壊や「いじめ」だけに限らない。第2章で述べた「『やんちゃ君』に反抗させない個別対応術」もそうだ。

「やんちゃ君」が教師に反抗的になってしまってはゲームオーバーである。いったん関係が壊れてしまったら、何をしても無駄である。

厳しく叱ろうが、優しく言葉をかけようが、「やんちゃ君」たちは面白くないに違いない。そして、「うざい」「キモイ」「クソババア」「死ね」などと、ありとあらゆる暴言を投げ付けるのだ。対教師暴力さえあるだろう。指導が通る訳がない。だから、

「やんちゃ君」が反抗しないように「策略」を巡らせて「予防」するのだ。

クラスで問題が起こらないように「予防」することが何よりも大切なのである。

「当たり前」のことを「当たり前」にさせればそれでよい

学級を成り立たせるために一番大切なことは何か？私は、

「当たり前」のことを「当たり前」にさせる。これに尽きる

と思っている。

たとえば、掃除。掃除だけ一生懸命やって、教室に帰ると授業はグチャグチャ。そんなクラスはあり得ない。掃除を一生懸命やるクラスは、やはり良いクラスだ。他のことにも全力で取り組むし、もちろん授業にも全力で取り組む。逆に、掃除を適当にするクラスは、教室でも適当に過ごす。授業も崩壊する。

だから、「当たり前」のことを「当たり前」にさせるのが大事なのだ。
私のクラスでは、様々な合言葉を決めて「当たり前」を徹底している。

合言葉は「フリ」である。合言葉で、子どもたちがどうすれば良いのかを明示する。

合言葉にしようと思うと、端的にせざるをえない。端的にすれば、子どもたちも覚えられる。参考になると思うので、私のクラスの合言葉の一部を紹介する。

- 掃　除「掃除は？」（教師）「まずは、黙って！」（子どもたち全員で声を揃えて）
- 給　食「準備は？」（教師）「10分以内！」（子どもたち）
  「感謝の心で？」（教師）「残菜0（ゼロ）！」（子どもたち）
  「時間内に？」（教師）「完食する！」（子どもたち）
- 挨　拶「挨拶は？」（教師）「自分から大きな声で！」（子どもたち）
- 朝自習「朝自習は？」（教師）「黙って、座って！」（子どもたち）

・教室移動「教室移動は?」(教師)「黙って、並んで!」(子どもたち)

何度も何度もくり返し言って確認する。特に4月は徹底してくり返す。4月ほどではないが、2学期になっても、3学期になっても、何度も言わせる。子どもたちは忘れるものだ。また、すぐに楽しようとサボる。だから、言い続けて徹底させる必要がある。また、

大事なのが「フォロー(評価)」である。何事もやりっ放しではダメだ。子どもたちはやる気にならない。

たとえば、掃除の後には次のように必ず確認する。

「全員、起立!掃除は?」(教師)「まずは、黙って!」(子どもたち全員)

「黙ってできた人、座る」(教師)

ウソをついて座る子もいる。だから、時には次のような話もする。

「先生はずっとは見てないからね。しゃべったのに座っている人もいるかも知れない。

でも、友達は知ってるからね。友達に嘘つきだと思われていいなら、座りなさい」

こうやって、確認し、全員できていれば、褒める。また、クラスみんなで拍手してお祝いする。できていない子は叱る。時には掃除を取り上げてしまうこともある。

「フォロー」と言っても、そんなに難しいことではない。要は褒めるか、叱るかだけである。

難しくはないのだが、教師は「フォロー」を忘れがちである。しかし、「フリ」をした以上は、絶対に「フォロー」を忘れてはならない。

「フォロー」を忘れてしまったら、子どもたちは思うだろう。「がんばったのに、褒めてもくれない」「がんばらなくても、叱られない。がんばらなくても、大丈夫だ」と。

「フォロー」を忘れてしまっては、子どもたちはやる気にならない。

「当たり前」のことを「当たり前」にできるクラスにしよう。そのためには、端的で明確な「フリ」、そしてセットで「フォロー」を忘れないことが大事である。

教師の仕事は「当たり前」を増やすことなのだ。

泣いている子は相手にしないのが正解

ケンカをするのが子どもの仕事の1つである。

ケンカのないクラスはあり得ないし、あったとしたら、それは怖い。子どもたち同士の距離が極端に遠すぎる可能性が高い。

ケンカをするのが子どもの仕事の1つだということは、ケンカの処理をするのが教師の仕事の1つだということである。

4月の最初、私が子どもたちに言うことがある。それは、

先生は絶対に泣いている子の味方はしません。

ということだ。

「先生は基本的に泣く子はズルイと思っています。ケンカなんて、両方が悪いことがほとんどなんです。それなのに、自分の悪い点はごまかして、泣くことで周りを味方につけようとする。本当に泣きたいのは、相手の方かも知れないのに…」

こんなことを言うからなのか、私のクラスではあまり泣く子がでない。また、泣く子が出ても、私は相手にしない。

「今は泣いていて話ができないみたいだから、後で聞くね」

と言う。そして、泣き終わって時間が経ってから話を聞く。

少々冷たく見えるかも知れないが、こっちの方がずっと効果的だ。泣いている子はどうせ話ができない。感情的になっているのも明らかだ。

それよりは泣きやむのを待って、クールダウンさせた方がいい。

泣き終わったら、関係者を呼んで、事情を聞く。まずは、

「先生は、全員に悪いところがあるからケンカになったんだと思っています。お互い、お前が悪いとか言わずに、自分の悪いところを反省してください」

と言って、流れを確認し、メモする。

たとえば、「Sくん、Tくん、Uくんで廊下で鬼ごっこをしていた」→「オニのSくんがTくんにタッチした」→「Tくんが『俺、やっぱ止めた』と言った」→「Sくんが怒って『そんなんズルイ。続けろいや』と言った」→「Tくんも怒って、Sくんの足を蹴った」→「Sくんも仕返しに足を蹴った」…のような流れである。このような事実だけを確認していくのだ。

大まかな流れを全員が納得すれば、1つ1つの行動について反省させる。

たとえば、「Sくん、Tくん、Uくんは廊下で鬼ごっこしていたんだよね。これは、いいの？悪いの？」と聞く。子どもたちは当然「悪い」と答える。そしたら、その行動に×をつける。

「そうだよね。廊下で鬼ごっこなんかするから、後につながっている。まずは、この行動を反省するんだよ」

全ての行動を見ていけば、どの子にも悪い点はあるものだ。その点について反省させ、お互いに謝罪させる。これで一件落着である。

基本的に「ケンカ両成敗」にするのがいい。もちろん、弱い子をねらったいじめや多人数ｖｓ１人などの場合は例外である。

さらに、「やんちゃ君」同士のケンカの後には、クラスみんなの前で次のようにさせたこともある。

「とおる、今日は、俺が悪かった。ごめんよ」

「いや、あきら、俺の方こそ悪かった。ごめん」

「とおる！」「あきら！」（2人が抱き合う）

台詞を教えながら練習させる。そして、本番である。

この時は、クラスの大物2人のケンカにクラス中が重たい雰囲気に包まれていた。

それでも、2人の熱演に教室は大爆笑になった。教室の重たい空気も一掃できた。そして、2人も心から仲直りできたようだ。

最後にケンカ処理について、最も大切なポイントを述べておく。それは、

ケンカの処理で授業を絶対につぶさない

ということである。

授業が始まった時、誰かが泣いていたとしよう。誠実な教師はそれが気になって仕方な

いに違いない。

しかし、だからと言って、すぐに対応するのはプロとはいえない。

私は、ケガがないかどうかだけは確認する。そして、「後で話を聞くからね」とだけ言って授業を始めてしまう。

先に書いたように、泣いている子を相手にしても、話をしないか、感情的に話すだけである。それなら、授業をクールダウンの時間にして、後で話を聞いた方がよっぽどいい。

また、ケンカをした子は少数派である。多数派の子たちの学習する権利を奪ってまでケンカの仲裁をする必要はない。そんなことをしては、リーダーとして失格である。

心配する気持ちを抑え、自分はリーダーであるという自覚を持って、放っておくのが一番なのである。

それなのに、授業をほっぽり出して、ケンカの仲裁をしている教師をよく見る。

いや、ケンカだけではないな。他の子を放っておいて、一部の子に対する様々な指導を授業時間にしてしまう教師は多い。

プロである教師は優先順位をつけ間違えないことが大切である。多くの子を幸せにする判断をリーダーはしなければならない。

「ホウレンソウ」で責任を逃れよ

クラスには様々な問題が起きる。問題が起こらないクラスなんてあり得ない。

もちろん、私のクラスでも問題は起きる。当たり前のことである。

そんな時、私はどうするか？絶対に私一人の考えでは動かない。すぐに同学年の教師たちに相談する。そして、そこで必要と判断すれば、すぐに管理職に相談する。そして、私は同学年で決めた通りに動く。管理職に指示された通りに動く。

なぜか？責任を取りたくないからである。

私一人の考えで動いて、失敗したらどうするのか。私一人で責任を取らなければならなくなる。一教師で責任が取れるほど、今の現場は甘くない。

だから、私は同学年で決めたように動く。管理職の助言通りに動く。

そうすれば、

失敗しても私のせいではない。悪いのは、同学年や管理職である。

こうやって人のせいにする図太さが厳しい現場を生き抜くためには必要だ。また、自分一人のせいだと思わなければ、気も楽になる。

ベテランの私でさえ一人では責任が取れない。1年目の若手はもっとそうではないか。それなのに今どきの若手はなぜかクラスがうまくいっているフリをする。そして、本当にどうしようもない状態になってから、「助けてください」と言う。そんな状態でSOSを出されても、すでに手遅れである。

クラスで問題が起きるのは恥ずかしいことではない。最初にも述べたが、問題の起こらないクラスはあり得ない。当然、私のクラスでも問題は起きるのだ。

本当に問題なのは、それを隠すことだ。相談しないことだ。

よく「ホウレンソウ（報告・連絡・相談）」が大切だというが、私には「ホウレンソウ」は当たり前のことすぎる。

「ホウレンソウ」は自分の身を守るために絶対に必要なのだ。

1年目はとにかく厳しい。1年間はクラスが荒れようが、保護者からたくさんのクレームが来ようが、なんとか生き抜いてくれればOKだと思っている。

教師という商売は、年々楽しくなる。厳しい1年目を乗り切れば、2年目は楽しくなる。3年目、4年目…と、どんどん楽しくなっていき、40歳を過ぎるとヤバイほどである。楽しくて仕方がない。

私はなんだかんだ言って、教師は良い商売だと思っている。楽しい商売だと思っている。だから、若い厳しい時期をなんとか生き抜いて、教師という商売を続けて欲しいと思っているのだ。

生き延びるためには、「ホウレンソウ」が欠かせない。どんな小さなことでも、周りにどんどん相談しよう。そして、助けてもらおう。

教師は良心的だ。良心的だから教師になっていると言っていい。周りの教師も相談に来る若手を可愛がってくれるはずである。とにかく何でも相談することが大切である。

理屈はいらない、子どもの事実だけでよい

最初にカミングアウトしておく。私は頭が悪い。

今さらそんなこと言っても、遅いかも知れない。薄々感づかれていた方もいるだろう。確信されていた方もいるだろう。

特に仲の良い方は、私の頭の悪さをよくご存じのはずである。友人の俵原正仁氏などは「健ちゃんは、お金を持った中学生だ」と言っている。

しかし、読者の中には、「中村健一は頭がよいのでは」なんて大きな勘違いをされている方もいる気がする。本を多く出版しているだけで賢そうに思われる方もいるだろう。

ハッキリ断言しておく。私は頭が悪い（威張って言うことではないか）。

だから、私が大学の先生になってしまったら、本の1冊も出せないだろう。いや、教育

雑誌の原稿の1行すら書けない。

私がこうやって本にしているのは、現場の実感である。ネタ本でさえ、目の前の子どもたちに試して、ヒットした実感のあるものだけを本にしている。

私は頭が悪い。しかし、私はそれで良かったと思っている。

現場人である我々教師には「理屈」は不要だからだ。

たとえば、水泳指導である。25ｍを初めて泳ぎ切った時の子どもの笑顔は最高だ。

私はもともとサービス精神が旺盛である。子どもの笑顔を見るのが大好きだ。だから教師になったと言ってよい。

それでも、若い私は、子どもを25ｍ泳がせる指導技術を持っていなかった。

子どもの笑顔を見たいのに見ることができない。サービス精神が旺盛な私にとって、こんなにつらいことはない。

だから、一生懸命勉強した。本屋に行って、水泳指導の本があれば、片っ端から買って読んだ。そして、本から学んだことを子どもたちに試した。

その方法を使って子どもが泳げるようになれば、その指導法を取り入れた。その方法を使って子どもが泳げるようにならなければ、その指導法は使わなくなった。

我々教師にとって、目の前の子どもの事実が全てだからだ。

こんなことをくり返して、私なりの水泳指導法をつくりあげていった。

お陰で、今では水泳指導は私の特技の1つである。毎年多くの子を初めて25m泳がせ、多くの子どもたちの笑顔を見ることに成功している。

様々な本を読んでいると、それぞれに「理屈」が違っていることに気が付いた。いや、それどころか「理屈」からできあがった指導法さえあった。

しかし、頭の悪いことが私には幸いした。「理屈」の分からない私に「理屈」は関係なかったからだ。

目の前の子どもが泳げるようになれば良い方法、泳げるようにならなければ悪い方法である。私には目の前の子どもの事実だけが頼りだった。

これは、水泳指導だけに限らない。

若い私は、多くの本を読んだ。教育雑誌だけで毎月20誌以上取っていたこともある。それらの本から学んだことをどんどん子どもたちに試した。そして、

「子どもたちが良くなれば良い方法、悪くなれば悪い方法」と割り切って、効果のあった指導法を取り入れ、効果のなかった指導法を捨てていった。

私はこうやって様々な指導技術を身に付けてきたのだ。

そういえば、東京の講座で若手からこんな質問を受けたことを思い出した。

「授業に班学習を多く取り入れている。それなのに、班学習をすると、いつもパニックになる子がいる。どう対応すればよいか？」という趣旨の質問だ。

私の答えは、単純明快。「班学習をやめたらいい」である。

班学習をしたら、必ずパニックを起こす子がいるのである。それなのに、班学習にこだわる理由が分からない。

班学習を推奨する「理屈」はあるのだろう。しかし、目の前の子どもに合ってないではないか。

私にとって、目の前の子どもの事実が全てである。たとえば、発達障害をもつ子への対応である。専門家は障害特性をもとに支援策を考える。もちろん、障害特性を知っておくことは大切だ。しかし、その支援策がヒットするかどうかは別だと考えた方が良い。

私は頭が悪いので、障害特性にも詳しくない。特にアルファベットが並ぶとダメだ。それでも、クラスの目の前にいる発達障害をもつ子には関わっていかなければならない。

そんな時、私は非常にシンプルに考える。ある方法を取って、その子が良くなれば、良い方法。悪くなれば悪い方法なのである。だから、

その子が良くなった方法は続けて使う。悪くなった方法は使うのを止める

ことにしている。もちろん、そのためには「子どもを見る目」が必要なのは言うまでもない。

私にとって必要なのは、「理屈」ではない。目の前の子どもたちの事実が全てなのだ。

私は目の前の子どもの事実からしか学ばない。それは若いころも今も変わらない。

何があっても教師が楽しめ

講座の後に、できるだけ「Q＆A」の時間を設けるようにしている。

私からの一方的なワンウェーの講座にならないようにするためだ。また、私の講座を聞いて勘違いされている部分があっては困る。そのフォロー、修正をするためだ。

今までで一番失礼な「Q」は、「ご職業は何ですか?」というもの。島根大学の真面目な大学教授の質問だった。もちろん、「一応、小学校の教師をさせていただいております」と丁寧に答えておいた。

全くの余談だが、親友の土作彰氏と一緒に「Q＆A」をする機会が多い。そして、「今まで学ぶのにいくらぐらい使いましたか?」と聞かれることが多い。

そんな時、土作氏は決まって、「いくらだと思います?」と聞く。若手が恐る恐る「1

00万円ぐらいですか?」と聞いたら、土作氏がドヤ顔で「いいえ、1000万です」と答え、会場は騒然となる。

しかし、ある時「いくらだと思います?」と聞いた答えは「5000万円」。土作氏が「いいえ、1000万です」と答えたが、場内が「たったそれだけ…」という空気になってしまった。これは笑い話として、我々が飲み会でよくする話だ。

そんな講座の「Q&A」でこんな質問を受けることも多い。

「中村先生が一番大切にしていることは何ですか?」

「中村先生の一番のポリシーは何ですか?」

そんな時、私はこう答えることにしている。

私が楽しいのが一番だと言うことです。

これは、事実、私が一番気をつけていることである。「私が楽しいのが一番だ」と割り切って、自分が気持ちよくなるように実践している。

私が「自分さえ良ければいい」という人間なら、「私が楽しいのが一番だ」と思うのはマズイだろう。

しかし、我々教師は、もともとサービス精神が旺盛である。いや、サービス精神が旺盛だからこそ、教師という職業を選んだと言って良い。

教師という仕事の喜びは、自分が嬉しいことではない。たとえば、子どもが逆上がりができるようになって嬉しいから、教師は嬉しいのだ。子どもが九九を全部言えるようになって嬉しいから、教師は嬉しいのだ。

子どもが嬉しいから、教師は嬉しいのである。

子どもを成長させ、その成長を喜ぶのが教師という仕事のやりがい、生き甲斐なのである。

私の編著のタイトルに『子どもが大喜びで先生もうれしい!学校のはじめとおわりのネタ108』（黎明書房）がある。念願であった「煩悩の数」の『108』をタイトルにつけることができた。お気に入りのタイトルである。

しかし、それ以上に『子どもが大喜びで先生もうれしい！』が最高に気に入っている。

これ、教師という仕事の本質を表していると思うからだ。

私は「私が楽しいのが一番」にこだわって、実践をしている。これ、絶対に悪い状態ではない。


私が楽しいのは、子どもたちが楽しい時だからである。

私が嬉しいのは、子どもたちが嬉しい時だからである。


きっと子どもたちも私の笑顔を見て、嬉しくなってくれているだろう。教師の笑顔は教室に安心感をもたらす。いい循環だ。

ご逝去されてしまったが、有田和正先生の笑顔は最高だった。私も有田先生のような笑顔で子どもたちに接したいと思う。

私が楽しくなるためには、子どもたちを笑顔にする必要がある。子どもたちを笑顔にするために修行を続けなければならない。それは、私が教師を辞めるまで終わらない。

崩壊したら、戦わず、凌《しの》げ

崩壊学級のサポートを頼まれることがある。基本、私は断ることにしている。

学級担任以外の教師が教室に入ることは非常に危険である。子どもたちにとって、学級担任が非常に力のない教師に見えてしまうからだ。

「あいつは、他の先生がいないと、何にもできない」なんて子どもたちは思ってしまう。そして、ますます言うことを聞かなくなる。

管理職であれ、他の教師であれ、保護者であれ、担任以外の人間が教室に入ればアウトだ。担任の権威は急速に喪失する。

しかも、子どもたちは、サポートに入った人間の言うことも徐々に聞かなくなる。その人間がどんなに力を持っていてもだ。

崩壊学級とは、そういう所なのである。負のエネルギーに満ちている。

ということで、基本的には、担任ががんばるしかない。

がんばると言っても、学級を立て直そうなんて思わない方がいい。どんな手を打っても、逆効果に違いない。

では、どうがんばるのか？「凌《しの》ぐ」のである。

授業は、授業妨害する子を放っておいて、淡々と進める。休み時間には、必ず職員室に戻って子どもたちと距離を取る。

もちろん、空き時間を多くしてあげるなど、組織的な配慮は必要だろう。


一番大切なのは、とにかく辞めないことだ。学級崩壊を起こすような子どもたちのために、あなたの体と心を壊す必要はない。


1年間凌《しの》げば、絶対に楽になる。次持ったクラスは、絶対に楽勝に感じられる。

それなのに、戦わせようとする管理職が多い。

ある校長は、子どもたちに不満を書かせた。子どもたちがどんな不満を持っているかはよく分かった。しかし、それだけである。担任が不満を解消しようとしても、子どもたちはそれを受け入れなかった。

ある教頭は、保護者会を開かせた。保護者からは様々な提案が出された。しかし、それだけである。担任がその提案を実行しようとしても、子どもたちはそれを受け入れなかった。

担任は子どもたちの提案を受け、保護者の提案を受け、誠実に対応しようとしたのだ。それでも、子どもたちが受け入れない。だから、学級崩壊なのである。

私は、学級崩壊の状態を恋愛に喩えることが多い。崩壊学級の担任は、子どもたちに振られているようなものだ。

手紙を書こうが、映画に誘おうが、花束を渡そうが、気持ち悪がられるだけだ。子どもたちの心はどんどん離れていく。

それなのに、まだ戦おうとさせる管理職が多すぎる。私はそれをうらみにさえ思う。「もう、戦わなくてもいいよ」そう言ってあげられないのか？ そして、1年間凌《しの》ぐための協力をしてあげられないのか？

崩壊学級の担任には「凌《しの》ぐ」という「策略」しか残されていないのだ。

【著者紹介】

中村　健一（なかむら　けんいち）

1970年，父・奉文，母・なつ枝の長男として生まれる。

名前の由来は，健康第一。名前負けして胃腸が弱い。酒税における高額納税者である。

キャッチコピーは「日本一のお笑い教師」。「笑い」と「フォロー」をいかした教育実践を行っている。しかし，本書でその真の姿，「腹黒」をカミングアウト。

【主要著書】

『子どもも先生も思いっきり笑える73のネタ大放出！』

『担任必携！学級づくり作戦ノート』

『つまらない普通の授業に子どもを無理矢理乗せてしまう方法』

（以上，黎明書房）

策略―ブラック学級づくり
子どもの心を奪う！　クラス担任術

2015年4月初版第1刷刊　©著　者　中　村　健　一
2025年1月初版第18刷刊　発行者　藤　原　久　雄
発行所　明治図書出版株式会社
http://www.meijitosho.co.jp
（企画・校正）佐藤智恵
〒114-0023　東京都北区滝野川7-46-1
振替00160-5-151318　電話03(5907)6704
ご注文窓口　電話03(5907)6668

＊検印省略　組版所　株　式　会　社　カ　シ　ヨ

Printed in Japan　ISBN978-4-18-180027-7